국어 어휘력,
결국 수능이다

국어 어휘력, 결국은 수능이다

청소년 공부법_ 헷갈려도 괜찮아, 문해력

[헷갈려도 괜찮아®] 시리즈 No.01

지은이 I 박기복
발행인 I 김경아

2026년 2월 25일 1판 1쇄 인쇄
2026년 3월 2일 1판 1쇄 발행

이 책을 만든 사람들
기획 I 홍종남
북 디자인 I 김효정
출판 마케팅 I 김경아
교정 교열 I 김윤지
제목 I 구산책이름연구소

종이 및 인쇄 제작 파트너
JPC 정동수 대표, 천일문화사 유재상 실장

펴낸곳 I 행복한나무
출판등록 I 2007년 3월 7일. 제 407-3990000251002007000008호
주소 I 경기 이천시 대월면 사동로 176, 2층 202호
전화 I 02) 322-3856 팩스 I 02) 322-3857
홈페이지 I www.ihappytree.com I bit.ly/happytree2007
도서 문의(출판사 e-mail) I e21chope@daum.net
내용 문의(지은이 e-mail) I yesreading@gmail.com
※ 이 책을 읽다가 궁금한 점이 있을 때는 지은이 이메일을 이용해 주세요.

국어 어휘력, 결국은 수능이다

| 박기복 지음 |

차례

국어 어휘력, 결국은 수능이다

새롭고 재미있는 정보를 원하는 시청자들의 요구에 **부응**하고, 방송사로서도 매일 새로운 뉴스를 제공하는 **방편**이 될 수 있기 때문이다. 경마식 보도는 선거와 정치에 무관심한 유권자들의 선거 참여, 정치 참여를 **독려**하는 장점이 있다. 하지만 흥미를 돋우는 데 **치중**하는 경마식 보도는 선거의 주요 **의제**를 **도외시**하고 경쟁 결과에 초점을 맞춰 선거의 공정성을 **저해**할 수 있다.[1]

수능 국어시험은 어려운 어휘의 경연장입니다. '부응, 방편, 독려, 치중, 의제, 도외시, 저해' 등은 현실 언어생활에서는 거의 쓰지 않는 어휘이지만, 수능 국어시험지에서는 쉴 새 없이 등장합니다. 학문적

1　출처: 2024학년도 수능 국어 독서(비문학) 4~7번 지문

인 지식을 다루는 독서(비문학) 지문뿐 아니라 감성적 이야기를 다루는 문학 지문도 마찬가지입니다.

『정을선전』은 영웅소설과 가정소설의 **상투적**인 **면모**가 **혼재**되어 나타난다. 이를테면, 가정 안팎의 **서사**는 남주인공을 **매개**로 연결되고, 사건이 선악 **구도**로 전개되며, 인물의 고난과 감정은 극대화된다. 이 과정에서 일부다처제에서 비롯되는 가정 내 갈등이 개인의 인성 문제로 축소된다. 그러면서도 **상전**의 **수족**에 불과한 하층의 **시비**가 능동적인 **행위자**로 등장하거나, 가정과 사회에서 상층인 인물이 **희화화**된다.[2]

---

2 출처: 2025학년도 수능 국어 문학 21번 보기

‘상투적인 면모가 혼재되어 나타난다’ 따위의 문장을 현실에서 쓸
일이 얼마나 있을까요? 그럼에도 수능 국어시험을 출제하는 분들은
굳이 이런 문장을 문학시험 문제에도 사용합니다. 그분들은 고3이라
면 이 정도 어휘력은 갖추어야 대학에서 공부할 자격이 있다고 믿는
듯합니다. 그런데 수능 국어시험에서 어휘 때문에 겪는 어려움은 단
지 낯설고 어려운 한자어가 많다는 정도에서 그치지 않습니다.

> 법령의 조문은 대개 ‘A에 해당하면 B를 해야 한다.’처럼 요건과
> 효과로 구성된 **조건문**으로 규정된다. 하지만 그 요건이나 효과가
> 항상 **일의적**인 것은 아니다. 법조문에는 구체적 상황을 고려해야
> 그 상황에 맞는 진정한 의미가 파악되는 **불확정 개념**이 사용될 수
> 있기 때문이다.[3]

‘조건문’은 논리학에서 사용하는 개념입니다. ‘불확정 개념’은 지
문 안에 설명이 있기는 한데 언뜻 이해하기 쉽지 않습니다. ‘일의적’
은 법학에서 법규나 개념을 하나의 의미로만 해석하여 명확하게 이
해할 수 있는 상태를 말하는데, ‘일의적’이란 법학 용어를 정확히 아
는 수험생이 얼마나 될까요? 이처럼 수능 국어 지문, 특히 독서(비문
학) 지문에서는 난해한 학문적인 개념이 담긴 어휘가 자주 등장합니

---

3 출처: 2023학년도 수능 국어 독서 10~13번 지문

다. '조건문', '일의적', '불확정 개념' 등 어려운 학문 용어가 도미노처럼 이어지는 문장을 읽다 보면 무슨 말을 하는지 이해하기가 쉽지 않습니다.

그러면 수능 국어 출제자들은 도대체 왜 이렇게 어려운 한자어나 학문 용어를 잔뜩 집어넣어서 문장을 만들까요? 이유는 간단합니다. 문제의 답이 지문에 다 있기 때문입니다. 지문에 답이 있는데 쉬운 어휘로 써 놓으면 모두 정답을 맞히기에 **변별력**이 생기지 않습니다. 그래서 '배고픔'이 아니라 '허기', '공복'이란 어휘를 쓰고, '뻔한 모습이 섞여서 나타난다'가 아니라 '상투적인 면모가 혼재되어 나타난다'란 문장을 쓰고, '인지적 낯섦은 감각적 충격을 통해 이성적 성찰에 도달하는 정서적이고 지적인 체험[4]'이란 문장처럼 복잡한 어휘를 연속적으로 써서 수험생의 이해를 방해하는 것입니다.

수능 국어시험은 지문에 답이 다 있기에 어려운 한자어나 학문 용어를 잘 안다면 정답을 찾는 것이 그리 어렵지 않습니다. 논리력과 창의력, 수준 높은 사고력을 요구하는 문제처럼 보이는 문항도 실제로는 지문에 답이 다 있습니다(이와 관련된 설명은 이 책의 닫는 글인 '수능 국어, 만점을 휘날리자'를 참고). 따라서 수능 국어시험 점수는 **결국** 어휘력이

---

4 출처: 2025학년도 9월 모의평가 국어 4~9번 지문

결정합니다. 그렇다면 어떻게 해야 국어 어휘력을 탄탄하게 기를 수 있을까요?

첫째, 학문에서 사용하는 기본적인 전문 어휘를 익혀야 합니다. 수능 독서 지문에는 논리학, 경제학, 법학, 동서양 철학, 정치 사회학, 미학, 역사학, 독서법, 심리학, 과학, 기술, 공학 분야 등 전문 지식이 등장합니다. 대학에서 '학문을 익힐 수 있는 능력(수학 능력)'을 확인하는 시험이다 보니 지문 대부분을 대학 전공 수준에 맞춥니다. 그래서 전문 어휘와 배경지식을 일정 정도 갖춘 수험생이 그렇지 않은 수험생보다 훨씬 빠르게 지문을 독해하고 문제를 풀 수 있습니다.

둘째, 한자어 어휘력을 길러야 합니다. 한자어가 약하면 지문뿐 아니라 문제조차 이해하기 힘듭니다. 한자어 어휘력을 기르려고 '한자' 자체를 공부할 필요는 없고, 한자어 '음'을 활용하는 공부만 해도 충분합니다.

이 책에는 독서 지문에 자주 실리는 각 학문 분야 중에서 수험생이 가장 어려워하는 분야인 논리학, 경제학, 동서양 철학, 법학을 중심으로 핵심 어휘를 담았습니다. 이 책에 실린 어휘는 해당 학문을 이해하려면 필수로 익혀야 하는 용어입니다. 또 사전식으로 뜻풀이를 하는 방식이 아니라 학문의 내적 연관성을 고려하여 이해하기 쉽게 엮었습니다. 따라서 이 책에 실린 용어를 익히면 지문을 읽는 시간이

획기적으로 단축되어 제시문을 다 읽지 못하는 불상사는 일어나지 않을 것입니다. 또 독해력이 향상되어 이해력 부족으로 놓쳤던 고난도 3점 문항도 정복할 수 있을 것입니다.

이 책에서는 해당 학문 분야의 핵심 어휘를 하루에 익힐 분량으로 나누어서 구성했습니다. 따라서 한꺼번에 익히지 말고 한 장씩 나누어서 학습하면 좋습니다. 날마다 조금씩 어휘를 습득하겠다는 마음으로 꾸준히 반복해서 공부하기 바랍니다.

1부

생각의 지도
: 논리학

윤재와 윤지는 떡볶이를 주문하고 구석진 자리에 앉았습니다.

"하여튼 그 쌤은 마음에 안 들어."

"또 왜?"

"점심시간에는 방정식의 원리를 깨닫게 해 주겠다며 운동장에서 구르게 하더니, 이번에는 집에 가려는데 이상한 책을 나누어 주시면서 읽어 오라고 하잖아."

"이상한 책이라니?"

윤재는 가방에서 책 한 권을 꺼내더니 윤지 앞으로 툭 던졌습니다. 책 표지에는 『떡볶이를 두고 방정식을 먹다』는 제목이 선명하게 적혀 있습니다.

"무슨 책 제목이 이래? 떡볶이를 두고 왜 방정식을 먹어? 말도 안 되잖아."

"그러니까."

"나 같으면 쌤한테 한마디 한다."

"나라고 안 했겠냐?"

"하긴, 참고 넘어갈 네가 아니지."

"따졌는데……."

윤재가 시무룩한 표정을 지었습니다.

"또 설득 당했구나."

"너도 그 쌤이 얼마나 말발이 센지 알잖아. 오죽하면 별명이 악마의 이빨이겠냐."

"그러니까 내가 그 동아리 들어가지 말라고 했잖아."

윤재와 윤지가 동시에 코를 찡그렸습니다. 그 모습이 무척 닮았습니다.

"쌤한테 한 번이라도 말로 이기고 싶은데……."

그때 매운 향을 풍기며 큼지막한 그릇에 떡볶이가 나왔습니다. 윤재와 윤지는 찡그린 얼굴을 펴며 동시에 손뼉을 쳤습니다. 따끈한 김이 모락모락 피어나며 입맛을 자극했습니다.

"방정식은 두고 떡볶이를 먹자!"

윤지가 책 제목을 비틀자 윤재가 활짝 웃었습니다.

"역시, 떡볶이지."

윤재와 윤지는 젓가락을 들었습니다. 둘의 입꼬리가 올라가는데 이번에도 무척 닮았습니다. 젓가락을 잡는 손 모양도 똑같았습니다. 윤재와 윤지가 든 젓가락이 동시에 떡볶이를 향했습니다. 먹음직스러운 떡볶이를 하나씩 집어서 입으로 가져와 만족함에 흠뻑 젖어야 하는데, 이상한 일이 벌어졌습니다. 손에 아무리 힘을 주어도 떡볶이를 그릇에서 떼어 낼 수가 없습니다.

"이게 뭐지?"

윤재와 윤지는 서로의 눈을 쳐다보았습니다. 처음에는 궁금증이, 시간이 갈수록 두려움이 점점 커졌습니다. 주위를 둘러보았습니다. 다른 식탁에서는 학생들이 아무렇지 않게 떡볶이와 김밥, 라면을 먹고 있었습니다. 마치 자기들만 낯선 공간에 고립된 기분이 들었습니다. 그때 분식집 문이 열렸는데, 희미한 연기만 흩날릴 뿐 아무도 들어오지 않았습니다. 괴이한 일이 잇달아 일어나자 두려움이 부풀어 올랐습니다. 안개는 윤재와 윤지가 앉은 자리 옆으로 스며들더니 사람 형상으로 뭉쳤습니다.

"떡볶이를 두고 방정식을 먹으라고 했는데, 왜 떡볶이부터 먹는 거지?"

안개 형상이 점점 진해지더니 얼굴이 드러났습니다. 수염이 덥수룩하고 머리카락이 어깨까지 내려올 만큼 길었습니다. 이마는 정수리까지 넓게 벗겨졌고, 눈은 초롱초롱하고 빛이 났으며, 입술에는 괴팍한 호기심이 이글거렸습니다.

"누구세요?"

윤재와 윤지가 동시에 물었습니다. 그곳만 마치 별개 공간으로 분리된 듯 다른 손님들은 아무렇지 않게 자기들 앞에 놓인 음식을 즐기고 있었습니다.

"내가 먼저 물었어. 왜 떡볶이를 두고 방정식을 먹으라고 했는데 그렇게 하지 않았지?"

긴 수염 아저씨가 진지하게 다시 물었습니다. 얼굴뿐 아니라 몸도 형태가 진해지더니 무채색 옷이 풀색으로 변했습니다. 겉모습이 괴물이나 악당처럼 보이지는 않아서 윤재와 윤지는 조금 안심했습니다.

"그게 말이 돼요?"

"당연히 떡볶이를 먼저 먹어야죠?"

윤재와 윤지가 번갈아 가며 반박했습니다.

"그걸 당연하다고 여기는 생각은 주관적이야. 너희들은 지금 배가 고픈 허기는 중요하게 여기면서 머리가 고픈 허기는 중요하지 않다고 주장하고 있어. 그런 말 알아? 배부른 돼지보다 배고픈 소크라테스가 더 낫다는 말."

그때 윤지는 인터넷에서 보았던 그림이 머릿속에 떠올랐습니다. 〈아테네 학당〉이란 그림에서 풀색 옷을 입고 괴팍한 표정을 지으며 주위 사람에게 열렬하게 떠들어 대는 인물, 바로 소크라테스였습니다.

"듣긴 들어 봤죠."

윤지가 말했습니다.

"너희는 배부른 돼지가 되고 싶니? 아니면 배고프더라고 지식과 지혜를 갖춘 현명한 인간이 되고 싶니?"

"그건 당연히……."

윤지는 뭐라고 말하려다 입을 다물었습니다.

"너희들, 조금 전에 학교 국어 선생님을 악마의 이빨이라면서 비난했지?"

"비난이 아니라…… 애들 사이에 그런 별명이……."

윤재가 조금 당황했습니다.

"나라님 뒷담도 하는 세상에서 남매끼리 쌤 뒷담도 할 수 있죠. 더구나 남들이 듣지도 않는데……."

"권력자를 향한 뒷담은 그 권력의 부당함에 맞서는 민초들의 소극적 저항이라서 정당성이 있지만, 선생님 뒷담은 달라. 선생님이 부당한 권력을 휘둘렀어? 선생님이 나쁜 짓이라도 했니?"

선생님께 불만은 많지만 인성이 나쁘다고 생각한 적은 없기에 더는 반박할 논리를 제시하지 못했습니다.

"그 국어 선생님은 내 충실한 제자다."

소크라테스가 한 말을 듣고 윤재와 윤지는 동시에 놀랐습니다. 소크라테스 제자라니, 선생님이 2000년 넘게 산 불사신이란 말인가?

"아니, 그럼 우리 쌤 나이가……."

윤재가 당황해서 말을 더듬거렸습니다. 소크라테스는 너털웃음을 터트렸습니다.

"하하하! 너 정말 황당하구나. 진정하고 들어 봐. 나를 존경하고, 내 논리를 배우고, 내 철학을 따르는 이는 모두 내 제자다. 그러니까 당연히 너희 국어 선생님도 내 제자가 맞지."

윤재와 윤지가 동시에 고개를 끄덕였습니다.

"저…… 그런데 저희, 떡볶이를 먼저 먹으면 안 될까요?"

"배도 부르고 머리도 채우면 더 좋지 않나요?"

윤재와 윤지가 번갈아 가며 말했습니다.

"배부른 돼지보다는 배고픈 소크라테스가 낫고, 배고픈 소크라테스보다는 배부른 소크라테스가 더 낫지 않아요?"

윤지가 배시시 웃으며 말하자 소크라테스도 따라서 웃었습니다.

"아주 재치가 있구나. 그러나 그 정도 허접한 논리에 설득당해 너희들에게 떡볶이를 허락해 줄 수는 없지."

소크라테스는 자세를 고쳐 앉았습니다.

"너희들은 내 제자를 모욕했어. 따라서 떡볶이를 먹고 싶다면 나를 논리로 이겨야 해. 그러면 너희는 떡볶이를 먹을 수 있고, 허기진 배를 맛있는 떡볶이로 채우는 즐거움도 맛볼 수 있어."

윤재와 윤지는 서로를 쳐다보고는 다시 소크라테스에게 시선을 돌렸습니다.

"소크라테스 님 제자라는 학교 쌤도 못 이기는데, 저희가 소크라테스 님을 어떻게 이겨요?"

"이건 부당해요. 말이 안 되는 조건이라고요."

"타당해. 봐, 너희는 바로 꽤 설득력 있는 논리를 제시했어."

소크라테스가 흐뭇하게 웃었습니다.

"어, 그럼 저희가 논리로 이겼으니 떡볶이를 먹게 해 주세요."

"안 돼. 너희는 내가 조금 전에 제시한 논리를 이겨야 해."

"그게 뭔데요?"

"떡볶이를 두고 방정식을 먹어야 하는 이유 말이야. 배부른 돼지보다 배고픈 소크라테스가 낫다는 논리, 몸의 허기보다 지식의 허기가 더 중요하다는 논리."

윤재와 윤지는 아득해지는 희망에 배가 허기로 요동치는 고통을 느꼈습니다.

"너희가 부당하다고 하니 너희에게 실력을 키울 기회를 주지."

소크라테스는 낡은 풀색 옷에서 작은 책을 한 권 꺼냈습니다. 책 겉면에는 '이것만 익히면 나도 소크라테스'라는 제목이 붙어 있었습니다. 더 졸라 봐야 들어줄 소크라테스가 아니었습니다. 윤재와 윤지는 하는 수 없이 젓가락을 내려놓고 작은 책을 집어 들었습니다. 소크라테스는 팔짱을 낀 채 느긋하게 앉아서 그 모습을 지켜보았습니다.

책 앞머리에는 논리를 공부하는 이유가 적혀 있었습니다.

친구들과 나누는 대화에도, 부모님 잔소리에도, SNS에 돌아다니는 문장에도, 휙휙 넘기는 짧은 영상에도 네 생각을 움직이려는 '논리'가 숨어 있다. 온갖 정보와 유혹이 넘쳐 나는 세상에서 '진짜와 가짜', '진실과 거짓', '적절과 부적절', '선과 악'을 구분하려면 논리를 갖추어야 한다. 논리는 모든 판단과 선택의 순간에 스며들어 움직이는 살아 있는 지혜다. 광고 문구 뒤에 숨은 설득 전략을 꿰뚫어 보고, 친구가 한 엉뚱한 주장에서 허점을 찾아내고, 선택하는 순간에 적절한 길을 찾게 하고, 사회 문제의 본질을 꿰뚫어 보는 힘이 논리에서 나온다. 그래서 논리를 알면 단지 똑똑해지는 데서 멈추지 않고 삶을 더 멋지게 창조하는 힘이 생긴다.

둘은 서로를 다시 쳐다보았습니다. 떡볶이를 먹고 싶어 억지로 책을 펼쳤는데 논리를 공부해야 하는 이유가 적힌 글을 읽고 나자 조금씩 흥미가 생겼기 때문입니다. 윤재와 윤지는 눈에 힘을 주고 책장을 넘겼습니다.

1

전제와 추론

● 전제

'전제'는 어떤 주장을 할 때 옳다고 미리 받아들이는 사실이나 판단이다. '지구는 자전하며 태양 주위를 공전한다'는 지식은 명확한 사실이다. 따라서 어떤 사람이 천동설을 주장한다면 이 지식을 전제로 하여 천동설이 틀렸음을 지적할 수 있다. '남의 물건을 훔치면 안 된다'는 규칙은 모든 사람이 동의하는 판단이다. 따라서 어떤 아이가 친구의 물건을 몰래 가져갔다면 훔치는 짓이 나쁘다는 판단을 전제로 하여 그 행동을 꾸짖을 수 있다. 전제는 새로운 사실을 받아들이거나 판단이 필요할 때 사용한다.

● 논거

'논거'는 주장이나 이론을 뒷받침하는 논리적인 근거다. 다음 대화를 보자.

- 아들: 엄마, 나 숙제 다 했으니까 게임 더 하고 싶어.
- 엄마: 오늘 정해 놓은 게임 시간은 다 썼잖아. 그리고 숙제 말고 다른 공부도 해야지.
- 아들: 오늘 스트레스를 많이 받았어. 게임을 하면서 스트레스를 풀어야 공부가 더 잘된다고.
- 엄마: 게임 할 시간을 엄마와 같이 며칠 전에 정하지 않았어? 함께 정한 약속인데 안 지킬 거야?

이 대화에서 아들은 게임 시간을 추가로 달라 주장하고, 엄마는 게임 시간을 더 줄 수 없다고 주장한다. 그 주장을 뒷받침하려고 아들은 숙제를 다 했고 오늘 받은 스트레스를 푸는 시간이 필요하다는 논거를 제시한다. 반면에 엄마는 숙제를 다 했으면 다른 공부를 해야 하고, 함께 정한 약속은 지켜야 한다는 논거를 제시한다. 이처럼 어떤 주장을 펼치려고 제시하는 근거가 논거다.

● 추론

'추론'은 전제와 논거를 바탕으로 새로운 사실이나 결론을 끌어내는 과정이다.

- 사실 1: 동생이 잠깐 밖에 나갔다 왔다.
- 사실 2: 옷이 물에 젖어 있다.

· 사실 3: 창밖을 보니 비가 내린다.

잠깐 밖에 나갔다 온 동생 옷이 젖어 있고, 창밖을 보니 비가 내린다. 이를 종합해서 생각해 보면 동생이 우산을 쓰지 않고 비를 맞았다는 사실을 추론할 수 있다. 이처럼 알려진 지식이나 사실을 바탕으로 알려지지 않은 지식이나 사실을 알아내는 방법이 추론이다. 정당한 추론은 타당하고 합리적인 근거가 뒷받침되어야 한다.

● 명제

'명제'는 참 또는 거짓으로 판별할 수 있는 문장이다. 명제는 'P이면 Q이다' 같은 형식의 문장이며, 기호는 'P→Q'로 표시한다.

· 지구는 자전한다(P: 지구, Q: 자전한다).
· 12와 4를 더하면 20이다(P: 12+4, Q: 20).
· 두 짝수를 더하면 홀수가 되는 경우도 있다(P: 짝수+짝수, Q: 홀수가 되기도 함).

'지구가 자전한다'는 문장은 참이므로 명제다. '12+4=20'은 거짓이므로 명제다. '두 짝수를 더하면 홀수가 되는 경우도 있다'는 문장도 거짓이므로 명제다.

- 떡볶이는 가장 맛있는 음식이다(P: 떡볶이, Q: 가장 맛있는 음식)
- 윤지는 참 예쁘다(P: 윤지, Q: 참 예쁘다).

떡볶이가 가장 맛있는 음식이라고 생각하는 사람도 있겠지만 아닌 사람도 있다. 이는 참과 거짓을 판단할 수 없으므로 명제가 아니다. 윤지가 예쁘다고 생각하는 사람도 있겠지만 사람에 따라 다르므로 참과 거짓을 판단할 수 없어 역시 명제가 아니다.

● 증명

'증명'은 추론을 해서 알아낸 결론이 확실한 진리임을 밝히는 과정이다. 추론이 결론을 끌어낸다면, 증명은 그 결론이 진실임을 밝힌다. 증명이란 단어는 수학이나 과학에서 많이 접한다. 예를 들어 평면에서 삼각형 내각의 합은 $180°$라는 명제는 증명으로 확실하게 진리라고 밝혔고, 지구가 태양의 둘레를 타원 형태로 공전한다는 명제도 다양한 증명을 통해 사실임을 밝혔다.

● 반증

'반증'은 어떤 명제나 주장이 거짓임을 밝히는 논리나 증거다. '모든 까마귀는 검은색이다'는 명제가 있다고 하자. 이를 반증하려면 색이 다른 까마귀를 찾아내면 된다. 실제로 깃털이 하얀 까마귀를 찾아냈고, 이 반증으로 '모든 까마귀는 검은색이다'는 명제는 거짓임을 밝혔다. 한때 사람들은 지구가 평평하며 태양이 지구를 돈다는 주장을 진실로 믿었다. 코페르니쿠스, 갈릴레오 등이 다양한 반증을 펼쳐 지구는 둥글며 지구가 태양 주위를 공전한다는 진실을 밝혀냈다. 아무리 정확해 보이는 논리나 주장에도 허점이나 오류가 있을 수 있으므로 늘 의심하고 연구하는 자세가 필요하다. 끝없는 반증을 견뎌 낸 명제가 참된 진리의 자리를 차지한다.

2

논리 연결사

● 진릿값

'진릿값'은 명제가 참인지 거짓인지 나타내는 값이다. 고전 논리학에서 명제의 진릿값은 '참(True, T)'과 '거짓(False, F)' 중 하나의 값으로 결정된다.

- 달은 지구 주위를 돈다.: T
- 사람은 포유류다.: T
- 새는 파충류다.: F
- 6에 7을 곱하면 49이다.: F

사람이 포유류라는 명제는 참이므로 거짓일 수 없다. $6 \times 7 = 49$라는 명제는 거짓이므로 참일 수 없다.

이처럼 고전 논리학에서는 참과 거짓 외의 진릿값이 존재하지 않으며, 참이면서 동시에 거짓일 수는 없다.

● 진리표

'진리표'는 진릿값을 기록한 표다.

P	Q	P→Q
참(T)	참(T)	참(T)
참(T)	거짓(F)	거짓(F)

● 논리 연결사

'논리 연결사'는 둘 이상의 명제를 연결하여 새로운 명제를 만드는 역할을 하는 기호나 단어다. 논리 연결사는 명제의 논리적 관계를 명확하게 나타내는 데 사용한다. 논리 연결사에는 '부정, 진리곱, 진리합, 조건문, 쌍조건문'이 있다.

- 부정: '아니다'
- 진리곱: '그리고'
- 진리합: '또는'
- 조건문: '만약 ~이면'
- 쌍조건문: '△이면 ▲이고, ▲이면 △이다.'

● 부정

'부정'은 명제의 참과 거짓을 뒤집어서 말하는 것이다.

· 명제 P: 나는 몸무게가 50kg 이상이다.

· 명제 P의 부정: 나는 몸무게가 50kg 미만이다.

· 명제 M: 나는 배가 고프다.

· 명제 M의 부정: 나는 배가 고프지 않다.

'나는 몸무게가 50kg 이상이다'는 명제가 참이라면 '나는 몸무게가 50kg 미만이다'는 명제는 반드시 거짓이며, 두 명제가 모두 참인 경우는 없다. 어떤 명제를 반증하려면 그 명제의 부정이 참임을 보여주어야 한다. '모든 까마귀가 하얀색이다'는 명제를 반증하려면 '모든 까마귀가 하얀색인 것은 아니다'는 명제가 참임을 밝혀내야 한다. 명제 P의 부정은 보통 '~P'로 표시하며, 'P가 아니다'고 읽는다. 명제 P가 참이면 ~P는 거짓이고, 명제 P가 거짓이면 ~P는 참이다.

● 진리곱

'진리곱'은 둘 이상의 명제가 모두 참일 때만 전체 명제가 참이 되는 논리 연결사다. 진리곱은 '그리고(and)'로 나타내며 '∧'로 표기한다. '비가 오고 번개가 친다'는 명제가 참이 되려면 '비가 온다'와 '번개가 친다'는 두 명제가 모두 참이어야 한다. 이처럼 진리곱일 때는 둘 중 하나의 명제라도 거짓이면 전체 명제가 거짓이 된다.

비가 온다(P)	번개가 친다(Q)	P∧Q
T	T	T
T	F	F
F	T	F
F	F	F

● 진리합

'진리합'은 둘 중 하나의 명제가 참이면 전체 명제가 참이 되는 논리 연결사다. 진리합은 '또는(or)'으로 나타내며 'V'로 표기한다. '비가 오거나 번개가 친다'는 명제가 참이 되려면 '비가 온다'와 '번개가 친다'는 두 명제 중 하나만 참이면 된다. 이처럼 진리합일 때는 둘 중 하나의 명제가 참이면 전체 명제가 참이 된다. 진리합이 거짓이 되려면 두 명제 모두가 거짓이어야 한다.

비가 온다(P)	번개가 친다(Q)	PVQ
T	T	T
T	F	T
F	T	T
F	F	F

3
조건문과 대우

● 조건문·전건·후건

　'조건문'은 '만약 ~이면'을 사용하여 두 명제를 연결하는 논리 연결사로, 'P이면 Q이다' 형식으로 쓰고 'P→Q'로 표시한다. 'P이면 Q이다'는 명제에서 앞쪽 P를 '전건'이라 하고, 뒤쪽 Q를 '후건'이라 한다. 조건문이 거짓이 되는 경우는 전건(P)이 참인데 후건(Q)이 거짓일 때뿐이다.

　· 선생님: 만약 비가 오면(P), 소풍을 취소한다(Q).

비가 온다(P)	소풍을 취소한다(Q)	P→Q
비가 와서(T)	소풍을 취소했다(T)	T
비가 왔는데(T)	소풍을 취소하지 않았다(F)	F
비가 안 와서(F)	소풍을 취소하지 않았다(F)	T
비가 안 왔는데(F)	소풍을 취소했다(T)	T

비가 와서 소풍을 취소하면 약속을 지켰으므로 참이다. 비가 왔는데 소풍을 취소하지 않았다면 약속을 어겼으므로 거짓이다. 비가 안 와서 소풍을 취소하지 않았다면 약속을 어긴 것이 아니므로 참이다. 그런데 마지막 명제가 이상하다. 비가 안 왔는데 소풍을 취소한 것은 마치 약속을 어긴 것처럼 보이지만 그렇지 않다. 선생님은 비가 오면 소풍을 취소하겠다고 약속했지 비가 안 오면 어찌하겠다는 약속은 한 적이 없다. 그러니까 선생님은 약속을 어기지 않았고 명제는 참이 된다. 언뜻 들으면 이상하지만, 이는 논리적인 모순을 막는 논리학 규칙이다. 이해하기 쉬운 예를 들어 보자.

· 허풍쟁이: 만약 달이 네모가 되면 나는 슈퍼맨이 된다.

달이 네모가 된다(P)	나는 슈퍼맨이 된다(Q)	P→Q
F	T	T
	F	

'달이 네모가 되면'이라는 전건은 가능성이 전혀 없는 명백한 거짓이다. 따라서 내가 슈퍼맨이 되겠다는 약속은 지키지 않아도 약속을 깬 것이 아니다. 이처럼 조건문에서 전건이 거짓(F)이면 후건이 거짓이든 참이든 무조건 전체 명제는 참이 된다.

● 쌍조건문

쌍조건문은 'P→Q'인 명제와 'Q→P'인 명제가 진리곱 형태로 묶인 명제다. 쌍조건문은 'P↔Q'로 표시한다.

· 명제: 정삼각형이면 세 변의 길이가 같고, 세 변의 길이가 같으면 정삼각형이다.
· 명제 1: 정삼각형이면(P) 세 변의 길이가 같다(Q).

	P	Q	P→Q
㉠	T	T	T
㉡	T	F	F
㉢	F	T	F
㉣	F	F	T

㉠ 정삼각형이면 당연히 세 변의 길이가 같으니 이 명제는 참이다.

㉡ 정삼각형인데 세 변의 길이가 같지 않은 삼각형은 없으므로 이 명제는 거짓이다.

㉢ 정삼각형이 아닌데 세 변의 길이가 같은 삼각형은 없으므로 이 명제는 거짓이다.

㉣ 정삼각형이 아니면 세 변의 길이가 다르므로 이 명제는 참이다.

· 명제 2: 세 변의 길이가 같으면(Q) 정삼각형이다(P).

	Q	P	Q→P
㉠	T	T	T
㉡	T	F	F
㉢	F	T	F
㉣	F	F	T

㉠ 세 변의 길이가 같으면 정삼각형이므로 이 명제는 참이다.

㉡ 세 변의 길이가 같은데 정삼각형이 아닌 삼각형은 없으므로 이 명제는 거짓이다.

㉢ 세 변의 길이가 다른데 정삼각형인 경우는 없으므로 이 명제는 거짓이다.

㉣ 세 변의 길이가 다르면 정삼각형이 아니므로 이 명제는 참이다.

쌍조건문 'P↔Q'가 참이 되려면 P→Q와 Q→P가 모두 참이어야 한다. 두 명제(P→Q, Q→P)가 모두 참이 되려면 P와 Q가 모두 참이거나 거짓이어야 한다.

● 역·이·대우

명제 P→Q가 있을 때 '역'은 'Q→P'이고, '이'는 '~P→~Q'이며, '대우'는 '~Q→~P'이다.

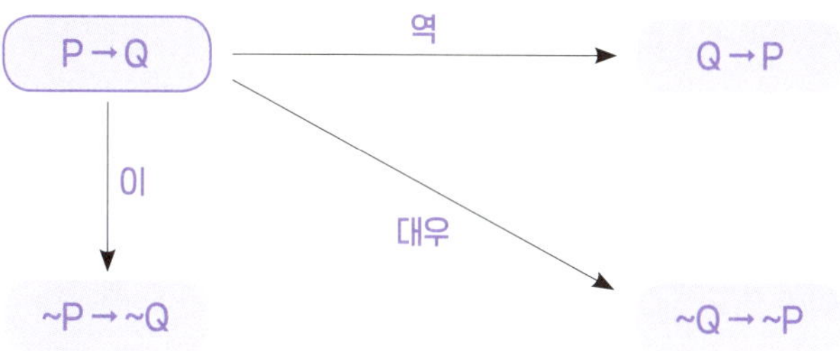

명제 P→Q가 참이면 그 대우인 ~Q→~P도 반드시 참이다. 그러나 역이나 이는 참일 수도 있고, 거짓일 수도 있다.

· 명제: 중학생이면(P) 중학교에 다닌다(Q). → 참

· 역: 중학교에 다니면(Q) 중학생이다(P). → 거짓

· 이: 중학생이 아니면(~P) 중학교에 다니지 않는다(~Q). → 중학생이 아닌 선생님도 중학교에 다니므로 거짓

· 대우: 중학교에 다니지 않으면(~Q) 중학생이 아니다(~P). → 중학교에 다니지 않는 중학생은 없으므로 참

‘역’에서 중학교에 다니면 중학생이라고 했는데, 선생님도 중학교에 다니므로 ‘역’은 거짓이다. ‘이’에서 중학생이 아니면 중학교에 다니지 않는다고 했는데, 중학생이 아닌 선생님도 중학교에 다니므로 ‘이’도 거짓이다. 중학교에 다니지 않는 중학생은 없으므로 ‘대우’는 참이다.

- 명제: 세 변의 길이가 같은 삼각형은(P) 정삼각형이다(Q). → 참
- 역: 정삼각형이면(Q) 세 변의 길이가 같다(P). → 참
- 이: 정삼각형이 아니면(~Q) 세 변의 길이가 같지 않다(~P). → 참
- 대우: 세 변의 길이가 같지 않으면(~P) 정삼각형이 아니다.(~Q) → 참

이처럼 ‘역’과 ‘이’도 참인 경우가 있다. 쌍조건문에서 살펴보았듯이 쌍조건문이 참이면 ‘역’과 ‘이’도 참이 된다.

4

연역법

● 연역법

'연역법'은 일반적인 원리를 바탕으로 구체적인 결론을 끌어내는 추론 방법이다. 가장 유명한 연역법은 삼단논법이다.

- 대전제: 모든 사람은 언젠가 죽는다(일반적인 원리).
- 소전제: 소크라테스는 사람이다(구체적인 사실).
- 결론: 따라서 소크라테스는 언젠가 죽는다(100% 확실한 결론).

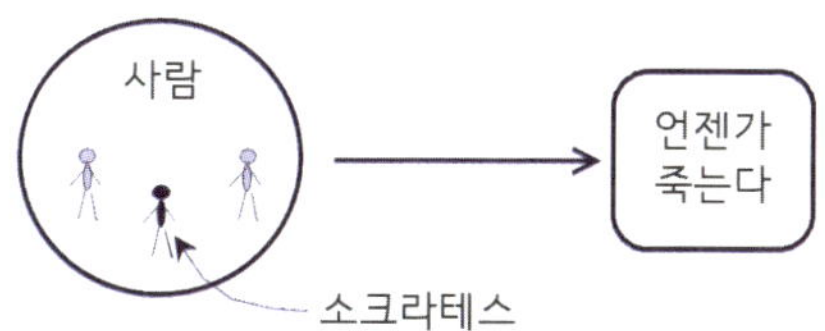

‘모든 사람은 언젠가 죽는다’는 대전제는 진리다. 소크라테스가 사람이라는 사실만 밝히면 소크라테스는 죽는다는 결론이 확실하게 나온다. 이처럼 연역법은 대전제와 소전제를 바탕으로 결론을 끌어내기에 대전제와 소전제가 참이면 결론은 무조건 참이다. 연역법에는 삼단논법 외에도 가언 삼단논법, 조건 삼단논법, 선언 삼단논법, 양도논법 등이 있다.

● 가언 삼단논법

‘가언 삼단논법’은 ‘만약 ~라면, ~이다’는 조건문을 포함하여 결론을 끌어내는 연역법이다. 여기에서 ‘가언(假言)’이란 어떤 조건을 가정한다는 뜻이다. 즉, 가언 삼단논법은 전제를 가정하여 결론을 끌어내는 논증 방식이다.

- 대전제: 만약 비가 온다면, 땅이 젖는다.
- 소전제: 비가 온다.
- 결론: 그러므로 땅이 젖는다.

땅이 젖는다는 결론이 참이 되려면 비가 온다는 전제가 참이어야 한다. 가언 삼단논법에는 ‘대우’를 활용하여 결론을 끌어내는 방식도 있다.

- 대전제: 만약 비가 온다면, 땅이 젖는다.

- 소전제: 땅이 젖지 않았다.

- 결론: 그러므로 비가 오지 않았다.

'비가 온다면(P) 땅이 젖는다(Q)'는 명제의 '대우'는 '땅이 젖지 않으면(~Q) 비가 오지 않았다(~P)'가 된다. 명제가 참이면 그 대우도 참이므로 '땅이 젖지 않았다(~Q)'는 소전제가 참이며 '비가 오지 않았다(~P)'는 결론도 참이 된다.

● 조건 삼단논법

'조건 삼단논법'은 조건문 두 개를 전제로 써서 결론을 끌어내는 연역법이다.

- 전제 1: 만약 오늘 눈이 온다면, 도로가 미끄러울 것이다(A→B).

- 전제 2: 만약 도로가 미끄럽다면, 나는 대중교통을 이용할 것이다(B→C).

- 결론: 만약 오늘 눈이 온다면, 나는 대중교통을 이용할 것이다(A→C).

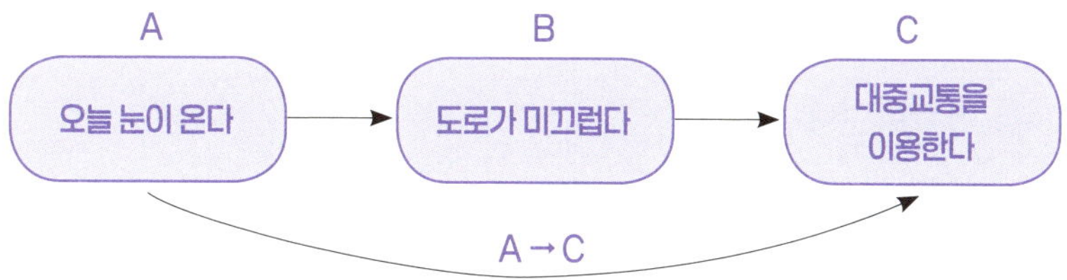

조건 삼단논법은 주어진 전제가 연쇄적으로 연결되어 새로운 명제로 이어진다. 전제 1과 전제 2가 참이면 결론은 무조건 참일 수밖에 없다.

● 선언 삼단논법

'선언 삼단논법'은 선택을 나타내는 선언명제를 활용하여 결론을 끌어내는 연역법이다. '선언명제'란 둘 이상의 명제가 '또는(or)'으로 이어진 명제다. 대전제에는 '또는(or)'을 포함하는 선언명제가 있고, 소전제는 그중 하나를 '부정'하는 명제를 배치하여 결론을 끌어낸다.

- 대전제: 윤지는 오늘 점심에 떡볶이 또는 라면을 먹을 계획이다.
- 소전제: 윤지는 떡볶이를 먹지 않았다.
- 결론: 따라서 윤지는 라면을 먹었을 것이다.

이처럼 선언 삼단논법은 두 가지 선택지 중 하나가 거짓일 때, 나머지 하나가 참임을 증명하는 데 사용한다.

● 양도논법

'양도논법'은 '가언명제' 두 개와 '선언명제' 하나로 결론을 끌어내는 연역법이다.

- 가언명제 1: 만약 내가 유튜브를 보면(A), 숙제를 못 할 것이다
  (X). : A→X
- 가언명제 2: 만약 내가 친구와 놀면(B), 땀을 흘릴 것이다(Y). :
  B→Y
- 선언명제: 나는 유튜브를 보거나(A) 친구와 놀 것이다(B). : A∨B
- 결론: 따라서 나는 숙제를 못 하거나(X) 땀을 흘릴 것이다(Y):
  X∨Y

양도논법은 둘 중 하나를 선택해야 하는 상황을 나타내는 데 사용한다. 논리학에서는 양도논법을 이러지도 저러지도 못하는 딜레마를 끌어내는 데 주로 활용한다.

5

귀납법과 변증법

● 귀납법

'귀납법'은 구체적인 사례를 바탕으로 일반적인 원리나 규칙을 발견하는 논증 방법이다. 연역법이 일반적인 원리에서 구체적인 사실을 밝혀낸다면, 귀납법은 구체적인 사실에서 일반적인 원리를 밝혀낸다는 점에서 연역법과 대비된다. 사람들은 다양한 경험을 바탕으로 신념을 형성하는데, 이것이 바로 귀납법이다.

- 사례 1: 백로 A를 관찰했더니 하얀색이다.
- 사례 2: 백로 B를 관찰했더니 하얀색이다.

  ……

- 사례 99: 백로 X를 관찰했더니 하얀색이다.
- 결론: 그러므로 모든 백로는 하얀색일 것이다.

이 결론은 지금까지 관찰한 경험을 바탕으로 추론했으므로 나중에 색이 다른 백로가 나타난다면 진실이 아니게 된다. 귀납법은 경험을 바탕으로 새로운 지식을 쌓아 올리는 강력한 추론 방법이지만, 언제든 틀릴 가능성도 있다. 과학적 지식은 실험과 관찰이라는 귀납법으로 찾아낸 것이 많기 때문에 과학자는 한번 밝힌 지식이라고 해도 틀릴 가능성을 염두에 두고 끊임없이 검증한다.

● 유비 추론

'유비 추론'은 서로 다른 두 대상이 어떤 면에서 비슷하다는 점을 근거로, 다른 면에서도 비슷하리라고 추론하는 논증 방법이다.

- 근거 1: 생쥐를 대상으로 한 실험에서 A 약물이 B 질병을 치료하는 데 효과가 있었다.
- 근거 2: 생쥐와 사람은 포유류로 생체 구조가 비슷하다.
- 추론: 생쥐와 사람은 생체 구조가 비슷하므로 A 약물은 사람의 B 질병을 치료하는 데 효과가 있을 것이다.

유비 추론은 비슷한 면을 활용하여 새로운 지식을 얻거나 이해를 돕는 데 사용한다. 그렇지만 동일하지 않은 대상의 비슷한 면을 바탕으로 추론하기에 자칫하면 잘못된 결론을 내릴 위험이 있다.

● 귀류법

'귀류법'은 증명하려는 명제의 결론이 틀렸다고 가정할 때 모순된다는 사실을 밝혀 원래 명제가 참임을 증명하는 방법이다. 귀류법은 유클리드가 2400여 년 전에 소수가 무한히 많다는 사실을 증명하는 데 사용했을 정도로 오래되고 강력한 증명법이다.

- 증명하려는 명제: $\sqrt{2}$ 는 무리수다.
- 귀류법 가정: $\sqrt{2}$ 는 무리수가 아니다(즉, 유리수다).
  └ 전제: 실수는 무리수 아니면 유리수다.
- 증명: $\sqrt{2}$ 가 유리수라는 주장이 틀렸음을 밝힌다.
- 결론: $\sqrt{2}$ 는 유리수 아니면 무리수인데, 유리수가 아니므로 $\sqrt{2}$ 는 무리수다.

수학에서 사용하는 공식이나 정리 중에는 귀류법으로 밝혀낸 경우가 많다. 따라서 수학을 잘하려면 귀류법을 사용한 증명법을 제대로 알아야 한다.

● 변증법

'변증법'은 대립하는 두 가지 주장을 펼쳐 새로운 결론을 끌어내는 논증 방식이다. 변증법은 주로 '정 – 반 – 합' 단계를 거친다.

· 정: 최초의 주장으로, 시작하는 생각

· 반: 정에 대립하는 주장으로, 반대되는 생각

· 합: 정과 반의 대립을 통합하여 끌어낸 한 단계 높은 결론.
  '합'은 새로운 '정'이 되어 또 다른 변증법 과정을 밟을 수 있다.

변증법은 옳고 그름을 따지는 데 머물지 않고, 더 깊고 넓은 진리를 찾아가는 것을 목적으로 한다. 헤겔은 변증법적 과정을 거쳐 역사가 발전한다 보았고, 마르크스는 '생산력(정)과 생산 관계(반)'의 변증법적 운동이 역사 발전의 원동력이라고 주장했다.

6

필요충분조건과 상관관계

● 충분조건

'충분조건'은 어떤 일이 일어나는데 '그것만으로 충분한 조건'이다.

· 명제: 로또 1등에 당첨되면(P) 큰돈을 번다(Q).

로또 1등에 당첨되면 큰돈을 번다. 로또 1등에 당첨된다는 조건은 큰돈을 버는 데 충분한 조건이다. 그러나 큰돈을 벌려면 반드시 로또 1등에 당첨되어야 하는 것은 아니다. 다른 방법으로도 큰돈을 벌 수 있기 때문이다.

로또 1등 당첨은 큰돈을 벌 수 있는 '충분조건'이지만 반드시 갖추어야 하는 조건은 아니다.

● 필요조건

'필요조건'은 어떤 일이 일어나려면 '반드시 갖추어야 할 조건'이다. 그 조건을 갖추지 않으면 어떤 일이 절대 일어날 수 없다고 할 때, 그 조건이 바로 '필요조건'이다.

· 명제: 숨을 쉬어야(P) 사람이 살아간다(Q).

사람은 숨을 쉬어야 살 수 있다. 숨을 쉬지 않으면 사람은 살 수 없다. 따라서 사람은 살아가려면 반드시 숨을 쉬어야 한다는 조건을 채워야 한다.

숨을 쉬는 조건을 채웠다고 해서 사람이 살아갈 수 있는 것은 아니다. 먹지 않으면, 심장이 뛰지 않으면, 피가 없으면 사람은 살 수 없다. 따라서 숨을 쉬는 것은 사람이 살아가는 데 '필요조건'이지만 그것으로 살아가는 데 충분한 조건은 아니다.

● 필요충분조건

'필요충분조건'은 어떤 일이 일어나려면 '반드시 갖추어야 할 조건이면서 동시에 그것만으로도 충분한 조건'이다.

· 명제: 세 변의 길이가 같은 삼각형은(P) 정삼각형이다(Q).

세 변의 길이가 같은 것은 정삼각형이 되려면 반드시 갖추어야 할 필요조건이다. 세 변의 길이가 같다는 조건만 채우면 그 삼각형은 정삼각형이 되기에 충분한 조건을 갖춘 것이다. 따라서 정삼각형의 필요충분조건은 '세 변의 길이가 같은 삼각형'이란 조건이다.

● 인과관계

'인과관계'는 한 사건이 직접적으로 영향을 끼쳐 다른 사건을 발생시키는 관계를 의미한다. 인과관계는 단순히 두 사건이 함께 나타나는 것이 아니라, 원인이 되는 사건이 결과가 되는 사건의 발생에 직접적인 영향을 끼쳐야 한다. 즉, 원인이 없었다면 사건이 발생하지 않아야 인과관계다.

- 흡연이 폐암을 유발한다.
- 백신 접종이 질병을 예방한다.
- 과다한 염분 섭취는 고혈압을 일으킨다.

옛날에는 자연 현상이 일어나는 원인이 신이라고 믿어 신에게 제물을 바쳤고, 마녀가 전염병을 일으키는 원인이라고 생각해서 마녀를 죽였다. 지금은 날씨가 대기의 기상 현상임을 알고 전염병이 세균과 바이러스 때문임을 알기에 전혀 다르게 대처한다.

이처럼 인과관계를 정확히 파악하면 자연과 사회에서 벌어지는 수많은 사건에 적절하게 대처할 수 있다.

● 상관관계

'상관관계'는 두 사건이 함께 일어나는 경향이 있는 관계임을 의미한다. 한 사건의 발생 정도가 변함에 따라 다른 사건도 일정한 방향으로 함께 변하는 경향이 있을 때, 두 사건 사이에 상관관계가 있다고 말한다.

어떤 연구에 따르면, 아이스크림 판매량이 늘어나니 상어가 공격하는 횟수도 늘어났다고 한다. 그러면 상어 공격이 늘어난 원인이 아이스크림 때문일까? 그렇지 않다. 두 사건의 발생 횟수는 같이 변하지만 인과관계는 없다. 원인은 여름이다. 여름이 되니 아이스크림 판매량이 늘고, 여름에 해변을 찾는 사람이 늘어나니 상어에게 공격당하는 사람도 늘어난 것이다.

이처럼 아이스크림 판매량과 상어 공격 횟수는 인과관계는 없지만, 발생 횟수가 같은 방향으로 변하기 때문에 상관관계가 있다. 상관관계에는 양의 상관관계와 음의 상관관계가 있다.

- 양의 상관관계: 두 사건의 발생 빈도가 같은 방향으로 움직이는 관계 예 기온과 아이스크림 판매량: 기온이 오르면 아이스크림 판매량도 늘어난다.
- 음의 상관관계: 두 사건의 발생 빈도가 반대 방향으로 움직이는 관계 예 운동량과 체중: 운동량이 늘면 체중이 줄어든다.

· 상관관계 없음: 아무런 상관관계가 없는 경우

　예 머리 크기와 지능: 아무런 상관관계가 없다.

상관관계인데 인과관계로 잘못 판단하는 경우가 종종 있다. 대표적인 사례가 유명한 마시멜로 테스트 연구다. 유치원 아이들에게 마시멜로를 주고 먹지 않고 참으면 더 많은 마시멜로를 주겠다고 약속했는데, 참고 먹지 않은 아이들도 있고 먹은 아이들도 있었다. 나중에 추적해 보니 참은 아이들이 먹은 아이들보다 대학 입시 점수가 높고 사회적으로 성공했다.

마시멜로 테스트는 욕망을 참을 줄 아는 능력이 나중에 사회적 성공 가능성을 높인다는 '인과관계'를 보여 주는 연구로 널리 알려졌다.

그러나 나중에 다른 연구 팀에서 확인해 보니 참는 아이들은 부모 교육 수준이 높고 경제적으로 부유했다. 부모 교육 수준이 높아서 약속을 잘 지키고, 경제적으로 부유해서 집에 먹을 것이 늘 풍족했던 아이들은 '참으면 더 좋은 보상이 온다'는 믿음이 생긴 것이다.

반면에 불안정한 환경에서 자란 아이들은 당장 눈앞에 있는 음식을 먹지 않으면 손해이기에 참지 않고 바로 먹은 것이다. 따라서 마시멜로 테스트는 '아이들의 인내심'이 아니라 '가정 환경'이 사회적 성공에 큰 영향을 끼친다는 사실을 드러낸 연구였다.

마시멜로를 참고 안 먹은 것과 사회적 성공은 상관관계였고, 부모의 경제적 능력과 자녀 성공은 인과관계였다.

7

정언명제와 배중률

● 정언명제

'정언명제'는 어떤 주장을 확실하게 긍정하거나 부정하는 명제를 의미한다. '모든 인간은 죽는다'나 '어떤 인간도 완벽하지 않다' 같은 문장이 정언명제다. 정언명제는 가장 기본적인 명제의 형태로, 네 가지 요소로 되어 있다.

- 양화사(quantifier): 명제 범위를 결정

  → 모든(all), 어떤(some), 어떤 ~도 아닌(no)

- 주어(subject): 명제 주체가 되는 개념

- 계사(copula): 주어와 술어를 연결해 주는 역할

  → 이다(is), 아니다(is not)

- 술어(predicate): 주어를 설명하는 개념

정언명제는 양화사와 계사의 조합에 따라 네 가지 유형으로 나눈다.

- 전칭 긍정 명제: 모든 P는 Q다.

  🅰 모든 사람은 동물이다.

- 전칭 부정 명제: 모든 P는(=어떤 P도) Q가 아니다.

  🅰 어떤 사람도 파충류가 아니다.

  🅰 모든 홀수는 2로 나누어떨어지지 않는다.

- 특칭 긍정 명제: 어떤 P는 Q다.

  🅰 어떤 학생은 운동선수다.

- 특칭 부정 명제: 어떤 P는 Q가 아니다.

  🅰 어떤 사람은 직장인이 아니다.

● 동일률

'동일률'은 'A는 A이다' 같은 형태의 명제에서 A=A라는 원리를 의미한다. '윤지는 윤지다'라는 명제는 주어와 술어가 완전히 같기에 동일률이다. 동일률은 새로운 정보를 주는 것이 아니라 의미와 지시 대상이 같다는 뜻이다. 동일률은 아주 당연하기에 아무런 가치가 없는 듯하지만 논리학에서는 기본 중의 기본이기에 매우 중요하다. 동일률을 발전시켜 라이프니츠는 '동일자 식별 불가능성 원리'를 제시했다. 이 원리는 'A와 B가 동일하다면 A와 B의 특성은 식별할 수 없다'는 것이다. 이 명제는 동일률과 마찬가지로 아주 당연해서 쓸모없어 보이지만 이 명제의 '대우'를 보면 쓰임새가 드러난다.

- · 원리: A와 B가 동일하다면, A와 B의 특성은 식별할 수 없다.
- · 대우: A와 B의 특성을 식별할 수 있다면(특성이 다르면), A와 B
  는 동일하지 않다.

두 대상의 속성이 다르면 두 대상은 다른 존재다. 두 존재가 같은
지 다른지 판단하려면 이 명제를 활용해야 한다.

● 모순율

'모순율'은 어떤 명제와 그 명제의 부정이 동시에 참이거나 동시
에 반대일 수는 없다는 원리다. 예를 들어 '카르데스란 사람은 살
아 있다'와 '카르데스란 사람은 죽었다'는 명제는 동시에 참일 수 없
다. '죽는다'와 '산다'는 동시에 성립할 수 없기 때문이다. 모든 방패
를 뚫는 창과 모든 창을 막는 방패는 함께 성립할 수 없는 모순(矛盾)
이다. 그래서 모순율인 두 명제는 하나가 참이면 다른 하나는 반드시
거짓이다.

● 배중률

'배중률'은 명제에는 참과 거짓만 있고 중간은 없다는 원리다. '윤
지는 키가 165cm 이상이다'는 명제는 참 또는 거짓이 분명하게 나뉜

다. 참과 거짓을 명확히 판단할 수 있는 명제에서는 참과 거짓 외에 다른 판단은 존재할 수 없다. 배중률은 고전 논리학에서 매우 중요한 원칙이었으나 현대 논리학에서는 참과 거짓 외에 다른 진릿값을 추가해서 사용한다. 대표적으로 다치 논리와 퍼지 논리가 있다.

- 다치 논리: 참과 거짓 외에 '가능(possible)'이나 '미결정(undetermined)' 같은 진릿값을 추가한 논리다. 다치 논리는 미래와 관련한 명제나 모호한 문장을 분석한다. '내일은 비가 올 것이다'는 명제는 참과 거짓으로 판단할 수 없지만 '가능'으로 판단할 수는 있다. 인공지능 챗봇이 모호한 질문을 받았을 때 참과 거짓이 아니라 '알 수 없다고 하거나 확신할 수 없다'는 식으로 답변을 내놓는 것도 다치 논리를 활용한 것이다.

- 퍼지 논리: 진릿값을 0(F)과 1(T) 사이의 연속적인 값으로 표현하는 논리다. 고전 논리는 '이 물은 뜨겁다'는 명제를 참이나 거짓으로만 판단하지만, 퍼지 논리에서는 0.2(거의 거짓), 0.9(거의 참)처럼 '정도'를 나타낼 수 있다. 에어컨에서 컴퓨터가 자동 제어를 할 때 '춥다(0)'와 '덥다(1)'만 있다면 '약간 덥다', '조금 춥다'처럼 사람의 애매한 감각에 맞추어 작동하기 어렵다. 퍼지 논리는 춥다와 덥다 사이의 정도를 나타내기에 컴퓨터가 에어컨을 더 부드럽게 제어할 수 있게 해 준다.

● 충족이유율

'충족이유율'은 '어떤 것이 그렇게 된 데는 충분한 이유가 있다'는 논리 추론이다. 어떤 물건이 여기에 있다면 이유가 있다. 여기에 나무가 자란다면 거기에도 이유가 있다. 어떤 사건이 벌어지면 그 사건이 벌어진 충분한 이유가 있고, 모든 존재는 그것을 있게 한 충분한 이유가 있다. 인간은 항상 무엇이든 근본적인 이유를 찾으려고 한다. 인간은 '저 사건이 왜 벌어졌지?', '나한테 왜 이런 일이 일어났을까?', '우주는 왜 지금 이 모습일까?' 하고 의문을 품고 답을 찾는다. 과학자는 세상이 지금처럼 존재하고 운동하는 이유를 찾다가 만유인력, 상대성이론, 양자역학, 빅뱅이론 등을 찾아냈다. 이처럼 충족이유율은 세계를 우연이 아니라 필연으로 보려는 의도가 담긴 논리학 개념이다.[1]

---

1 아리스토텔레스는 동일률, 모순율, 배중률을 논리학의 기본 원리로 제시했고, 충족이유율은 라이프니츠가 첨가했다. 동일률, 모순율, 배중률, 충족이유율은 형식 논리학의 기본이 되는 추론 원리다.

8

논리적 오류

● 논리적 오류

'논리적 오류'란 옳지 못한 논증이나 추론을 사용하는 것이다. 토론을 벌이거나 주장하는 글을 쓸 때뿐만 아니라 일상생활에서도 많은 이들이 논리적 오류를 범해 잘못된 판단을 내릴 때가 많다. 논리적 오류를 알면 정확한 논증과 추론을 할 수 있고, 이를 바탕으로 더 올바른 판단과 현명한 결정을 내릴 수 있다. 순환논증, 성급한 일반화의 오류, 인신공격의 오류, 허수아비 공격의 오류, 허위 딜레마의 오류, 후건 긍정의 오류, 전건 부정의 오류 등 수없이 많은 오류가 있다.

● 순환논증

'순환논증'은 결론이 참임을 증명하려고 그 결론을 다시 근거로 사용하는 오류다. 순환논증은 원인과 결과를 명확히 구분하지 못해 계속 쳇바퀴 돌 듯이 제자리를 도는 논증이다.

- · 남자는 여자가 아닌 사람이다. 여자는 남자가 아닌 사람이다.
- · 이 책이 훌륭한 것은 베스트셀러이기 때문이다. 이 책이 베스트 셀러인 이유는 훌륭하기 때문이다.
- · 그는 정직한 사람이다. 왜냐하면 그는 거짓말하지 않기 때문이다. 그는 거짓말하지 않는다. 왜냐하면 그는 정직한 사람이기 때문이다.

이처럼 순환논증은 주장을 증명할 새로운 근거를 제시하지 않고 주장과 근거가 서로를 뒷받침하는 형태를 띤다.

● 성급한 일반화의 오류

'성급한 일반화의 오류'는 충분하지 않은 증거나 소수 사례로 성급하게 결론을 내리는 오류다. 코끼리 다리만 만지고 코끼리는 굵은 통나무를 닮은 동물이라고 하거나 코만 만지고 뱀처럼 몸이 긴 동물이라고 하는 것이 성급한 일반화의 오류다. 여행을 갔는데 그곳 주민 두 명이 불친절하다고 주민 전체가 불친절하다고 결론을 내리는 것도 성급하다.

● 인신공격의 오류

'인신공격의 오류'는 주장을 반박하지 않고 주장하는 사람을 공격하는 오류다. 인신공격을 하는 까닭은 주장을 반박하기 어려우니 인격을 공격하여 주장의 신뢰성을 무너뜨리려는 것이다.

- 상황: 윤지가 학급 회의에서 "재활용을 철저히 하자."라고 주장했다. 윤재는 "네가 쓰레기를 함부로 버리는 것을 보았다."라고 하면서 "너는 그런 주장을 할 자격이 없다."라고 반박했다.
- 문제점: 윤재는 재활용을 철저히 하자는 주장을 반박하지 않고 윤지가 한 과거 행동을 비난하며 인격을 깎아내렸다. 재활용을 철저히 하자는 주장의 옳고 그름은 윤지 인성과는 아무런 관련이 없다.

● 허수아비 공격의 오류

'허수아비 공격의 오류'는 상대 주장을 비틀거나 부풀려서 하지도 않은 주장을 공격하는 오류다. 진짜 상대가 아닌 허수아비를 세워 놓고 공격하는 것과 같다고 해서 이런 이름을 붙였다. 이 오류는 상대가 하지 않은 주장을 만들어 내어 상대가 한 원래 주장이 깨진 것처럼 보이게 하는 속임수다.

- 상황: 윤지는 "건강을 위해 아침마다 채소를 먹는 것이 좋다."라고 주장했다. 그러자 윤재는 "너는 고기를 아예 안 먹을 거야? 사람에게는 단백질이 필요해." 하고 윤지가 한 주장을 반박했다.
- 문제점: 윤지는 아침마다 채소를 먹는 것이 좋다고 주장했는데, 윤재는 마치 윤지가 '고기를 먹으면 안 된다'고 한 것처럼 가짜 주장을 만들어 '사람에게는 단백질이 필요하다'면서 그 가짜 주장을 공격했다.

● 허위 딜레마의 오류

'허위 딜레마의 오류'는 실제로는 많은 선택지가 있음에도 단 두 개 외에는 없는 것처럼 제시하는 오류다. 이 오류는 '모 아니면 도'라는 식으로 상대에게 선택을 강요해서 다른 선택지를 고를 가능성을 없애 버린다.

- 상황: 윤재는 "내가 규민이와 싸우면 누구 편을 들 거야? 내 편이야, 그놈 편이야?" 하고 윤지에게 양자택일을 요구했다.
- 문제점: 싸움이 벌어지면 둘 중 누구 편을 들지 선택할 수도 있지만, 싸움을 말리거나 화해하게 중재하거나 선생님에게 가서 알리는 선택지도 있다. 그런데 윤재는 오직 두 가지 선택지밖에 없는 것처럼 윤지를 몰아붙였다.

● 후건 긍정의 오류

'후건 긍정의 오류'는 '만약 P이면, Q이다'는 명제가 있을 때 'Q가 참이니 P도 참'이라고 주장하는 오류다. Q가 발생한 원인은 P 외에도 여러 가지가 있을 수 있기에 오류다.

> **예**
>
> · 전제 1: 내가 감기에 걸렸다면(P) 나는 기침을 할 것이다(Q).
> · 전제 2: 나는 기침을 한다(Q가 참).
> · 결론: 그러므로 나는 감기에 걸렸다.
>   - 문제점: 기침을 하는 원인은 감기 외에도 알레르기, 미세먼지, 건조한 공기 등 다양할 수 있다. 따라서 기침을 한다고 해서 반드시 감기에 걸렸다고 판단할 수는 없다.

● 전건 부정의 오류

'전건 부정의 오류'는 어떤 명제가 참일 때 전건을 부정하고 후건도 부정하면 참이 된다고 주장하는 오류다. 즉, P→Q인 명제가 참이라고 할 때, ~P→~Q인 명제도 참이라고 하는 오류다.

> **예**
>
> · 명제 1: 내가 감기에 걸렸다면 나는 기침을 할 것이다(P→Q).
> · 명제 2: 내가 감기에 걸리지 않았다면 기침을 하지 않을 것이다

$(\sim P \to \sim Q)$.

- 문제점: 감기에 걸리지 않았다고 해도 알레르기, 미세먼지, 건조한 공기 등 다양한 원인으로 기침을 할 수 있다.

‘전건 부정의 오류’와 ‘후건 긍정의 오류’는 명제의 ‘대우$(\sim Q \to \sim P)$’만 반드시 참이고, ‘이$(\sim P \to \sim Q)$’와 ‘역$(Q \to P)$’은 참이 아닐 수도 있다는 원칙을 제대로 지키지 않았기에 발생하는 오류다.

작은 책을 끝까지 읽고 나서 윤재와 윤지는 동시에 소크라테스를 바라보았습니다. 소크라테스는 빙그레 웃으며 윤재와 윤지가 무슨 말이든 하기를 기다렸습니다. 그러나 윤재와 윤지는 눈빛을 교환하며 무언의 대화를 나누면서도 소크라테스에게 아무런 말도 하지 않았습니다.

"떡볶이가 먹고 싶지 않나 보군."

소크라테스는 느긋하게 몸을 의자에 기댔습니다. 끝까지 떡볶이를 못 먹게 하겠다는 의지가 드러나는 몸짓이었습니다.

"그러니까 떡볶이가 먼저냐, 방정식이 먼저냐인데……."

윤재가 입을 열자 뒤이어 윤지가 눈을 번뜩이더니 말을 덧붙였습니다.

"그건 허위 딜레마의 오류예요."

소크라테스가 의자 등받이에 기댔던 몸을 꼿꼿이 세웠습니다.

"맞아요. 왜 꼭 둘 중 하나를 선택해야 하죠? 떡볶이와 방정식을 같이 먹어도 되잖아요."

"이 책을 보세요. 떡볶이에 방정식이 들어 있는 그림이잖아요."

"이건 그러니까 변증법이에요. 두 의견이 무조건 대립하는 게 아니라 정 – 반 – 합을 거쳐 새로운 합의에 이르죠."

"떡볶이도 중요하고, 방정식도 중요해요."

"배고픈 돼지가 아니라 배부른 소크라테스가 되는 거죠. 그게 배고픈 소크라테스보다는 훨씬 낫잖아요."

윤재와 윤지는 호흡이 착착 맞았습니다.

"누가 쌍둥이 아니랄까 봐 아주 멋들어지게 논리를 펼치는구나."

소크라테스는 엄지를 추켜세웠습니다. 윤재와 윤지가 승리의 웃음을 짓는데 소크라테스 얼굴과 몸이 점점 희미해지더니 이내 사라져 버렸습니다.

"뭐야? 사라졌어."

"설마, 착각은 아니지?"

식탁 위에는 소크라테스가 건네준 작은 책이 떡볶이 그릇 옆에 남아 있었습니다. 윤재와 윤지는 어찌 된 영문인지 몰라 주변을 둘러보았습니다. 다른 손님들은 여전히 맛있게 먹고 있었습니다.

"배고프다! 일단 먹자."

윤재가 떡볶이를 한 입 먹었습니다. 윤지도 서둘러서 떡볶이를 입으로 가져갔습니다.

"역시, 방정식보다는 떡볶이야!"

2부

돈의 법칙
: 경제학

“돈 좀 빌려줘.”

“없다니까.”

“없기는 뭐가 없어. 전에 받은 용돈 아직 남았잖아.”

윤지는 내민 손을 거둘 기세가 아니었습니다.

“다 썼어. 다 썼다고.”

윤재는 단호하게 선언하고 팔짱을 끼었습니다. 돈을 줄 수 없다는 강력한 의지의 표현이었습니다.

“네가 어디에 얼마나 돈을 쓰는지 내가 다 아는데 뭘 다 써.”

윤지가 눈을 부라렸습니다.

“뒤져서 나오면 네 돈 아니니 내가 가져도 되지?”

윤재가 말릴 틈도 없이 윤지가 손을 움직였습니다. 윤재는 어이없어 하며 의자에 털썩 주저앉았습니다.

“마음대로 해.”

윤재는 팔짱을 끼고 머리를 살짝 왼쪽으로 기울인 채 발을 까딱거렸습니다. 겉으로 보기에는 여유로움인지 초조함인지 짐작하기 어려웠습니다. 윤지는 책상부터 시작해서 옷장, 침대, 책장까지 샅샅이 뒤졌습니다. 그러나 그 어디에서도 윤재가 숨겨 둔 돈은 나오지 않았습니다. 윤지는 매서운 눈으로 윤재를 노려보았습니다.

“거 봐. 없다고 했지?”

윤재는 이를 드러내며 웃었습니다. 그때 윤지의 눈이 번쩍였습니다.

“너, 일어나 봐.”

윤재 표정이 갑자기 어두워졌습니다.

"왜 그래?"

"일어나. 빨리!"

윤지는 윤재를 밀쳤고, 윤재는 힘없이 밀려나며 일어섰습니다. 침대에 털썩 주저앉은 윤재를 보며 윤지가 사악한 웃음을 지었습니다. 윤지는 의자를 이리저리 살피더니 좌판 부분을 잡고 힘을 주었습니다. 좌판이 살짝 들리더니 틈새가 드러나자 윤지는 그 안으로 손을 집어넣었습니다. 그때 윤재 입에서 장탄식이 흘러나왔습니다. 밖으로 드러난 윤지 손에 구겨진 5만 원권 지폐가 들려 있었습니다.

"야! 내 돈!"

잠시 당황하던 윤재가 벌떡 일어나더니 윤지 팔목을 잡았습니다.

"그게 왜 네 돈이야. 내 돈이지."

날 선 말이 오가고 힘과 힘이 부딪쳤습니다. 두 손이 한꺼번에 지폐를 움켜쥐어 사정없이 구겨졌습니다. 어느 한 사람이 포기하지 않으면 지폐가 찢어질 수도 있는 상황이었습니다. 서로 놓으라고 외치는데…… 손바닥에서 번개와 같은 불꽃이 일더니 주위가 새까매졌습니다. 윤재와 윤지는 감전이라도 된 듯 지폐를 놓고 뒤로 물러났습니다. 주변은 짙은 어둠인데 구깃구깃해진 채 허공에 뜬 지폐만 환한 빛으로 반짝거렸습니다.

"뭐, 뭐야?"

"이게, 도대체……."

지난번 소크라테스에게 당한 기억이 떠올랐습니다.

"넌, 누구야?"

윤지가 물었습니다.

"너희는 돈을 좋아해?"

뜬금없는 질문이었습니다. 윤재와 윤지는 서로를 바라보며 눈빛을 교환하고는 고개를 끄덕였습니다.

"그런데 돈을 왜 함부로 대해?"

빛에서 차디찬 기운이 세차게 뿜어져 나왔습니다.

"무슨 말이야? 함부로 대하다니……."

윤재가 물었습니다.

"날 좋아한다면서 나를 의자 속에 구겨서 보관했잖아."

"그건, 윤지가 내 돈을 가져가려고 해서……."

윤재가 대답을 마치기도 전에 매서운 목소리가 윤재 말을 잘랐습니다.

"닥쳐! 다른 곳도 많은데……. 그 어둠 속에서 내가 얼마나 고통을 받았는지 알아?"

윤재는 등이 오싹했습니다.

"난 돈 좋아해. 어둠에서 널 구한 것도 나고."

윤지가 씩 웃으며 돈에 아부했습니다.

"너도 닥쳐! 넌 돈을 함부로 써. 도대체 둘이 똑같이 용돈을 받으면서 왜 맨날 돈이 없다고 투덜거리지? 나를 아낀다면서 아무 생각없이, 계획도 없이 마구잡이로 돈을 쓰면서 무슨 나를 아낀다고?”

윤지는 뭐라고 변명하려다 서슬이 퍼런 돈의 기세에 입을 다물었습니다.

“너희는 벌을 받아야 해.”

빛이 붉게 타오르며 주변 공간이 드러났습니다. 여러 방향으로 나뉜 복도와 똑같이 생긴 방문 수십 개가 윤재와 윤지 앞에 나타났습니다.

“이곳은 돈의 미로. 돈을 제대로 알고 사랑하지 않으면 빠져나올 수 없지.”

붉은빛이 점점 희미해지더니 돈의 형체도 사라졌습니다.

“잠, 잠깐만…….”

윤재와 윤지가 손을 뻗어 돈을 잡으려고 했지만 허공만 움켜쥘 뿐이었습니다.

“이건 또 뭐야?”

윤지가 허리춤에 손을 얹더니 씩씩댔습니다. 윤재는 한숨을 길게 내쉬더니 억울해 하며 발을 굴렀습니다. 그때 발끝에 무언가가 툭 하니 걸렸습니다.

“이게 뭐지?”

윤재가 바닥에서 작은 책자를 집어 들었습니다. 책 표지에는 ‘돈의 법칙’이라고 적혀 있었습니다. 윤재가 책을 펴자 윤지가 바짝 다가들었습니다.

1

기회비용과 수요·공급의 법칙

● 희소성

'희소성'이란 인간의 욕망은 매우 크지만 그 욕망을 충족시켜 줄 자원은 한정되어 있다는 사실을 표현한 개념이다. 인간에게 시간과 자원이 아주 많다면 선택을 고민할 필요가 없지만 현실은 그렇지 않다. 예를 들어 30분간 자유가 주어지면 그 시간에 게임을 할지, 책을 읽을지, 맛있는 음식을 먹을지, 휴대 전화를 보며 놀지, 숙제를 할지, 친구와 어울릴지 등을 선택해야 한다. 모든 것이 무한히 넘쳐 나서 원하면 누구든지 아무것이나 가질 수 있다면 선택을 고민하지 않아도 될 테고, 그런 세상에서는 경제학이 필요 없다. 희소성 때문에 인간은 선택해야만 하고, 인간 선택에 관한 학문이 바로 경제학이다. 즉, 희소성이 경제학의 출발점이다.

● 기회비용

　'기회비용'이란 어떤 것을 선택했을 때, 선택하지 않은 것 중에서 최고인 것의 가치를 의미한다. 예를 들어 손흥민 선수가 프로축구 경기에 나서면 3억 원을 벌 수 있는데, 같은 시간에 편의점에서 아르바이트로 3만 원을 벌었다고 하자. 아르바이트를 해서 3만 원을 벌었다고 해서 손흥민 선수가 이익을 보았다고 할 수 없다. 같은 시간에 3억 원을 벌 기회를 버렸기 때문이다. 손흥민 선수가 아르바이트를 선택했을 때 치른 기회비용이 바로 3억 원이다. 어떤 선택을 할 때 우리는 눈에 보이는 비용뿐만 아니라 포기해야 하는 가치, 즉 기회비용까지 고려해야 한다. '공짜 점심은 없다'는 말이 있다. 어떤 것을 얻으려면 반드시 어떤 대가를 지불하거나, 시간을 희생하거나, 기회를 포기해야 한다. 선택한 대가로 포기하고 희생하는 것, 그것이 바로 기회비용이다. 그러니까 인생을 효율적으로 살려면 기회비용이 적은 것을 선택하는 지혜를 길러야 한다.

● 사용 가치와 교환 가치

　'사용 가치'는 상품의 쓸모를 나타내는 가치고, '교환 가치'는 다른 상품과 교환할 때 가치다. 가방은 물건을 담는 쓸모가 있다. 그런데 물건을 담는 쓸모가 같은 가방이라도 어떤 가방은 1만 원이고, 어떤 가방은 1억 원이 넘는다. 1만 원짜리 가방과 1억 원짜리 가방의 쓸모, 즉 사용 가치는 크게 다르지 않다. 그러나 시장에서 거래되는 가치,

즉 교환 가치는 어마어마하게 차이가 난다. 이처럼 시장에서 거래되는 물건 가치는 그 쓸모와 꼭 비례하지는 않는다.

● 수요·공급의 법칙

'수요·공급의 법칙'은 수요와 공급의 상호 작용으로 시장 가격과 거래량이 결정된다는 경제학의 기본 원리다. 다른 모든 조건이 같을 때, 소비자는 상품 가격이 오르면 더 적게 소비하고, 가격이 내려가면 더 많이 소비하려고 한다. 따라서 가격이 오르면 수요량이 줄고, 가격이 내리면 수요량이 는다. 그에 반해 생산자는 상품 가격이 오르면 더 많이 생산하고, 가격이 내려가면 더 적게 생산하려고 한다. 따라서 가격이 오르면 생산량이 늘고, 가격이 내리면 생산량이 준다.

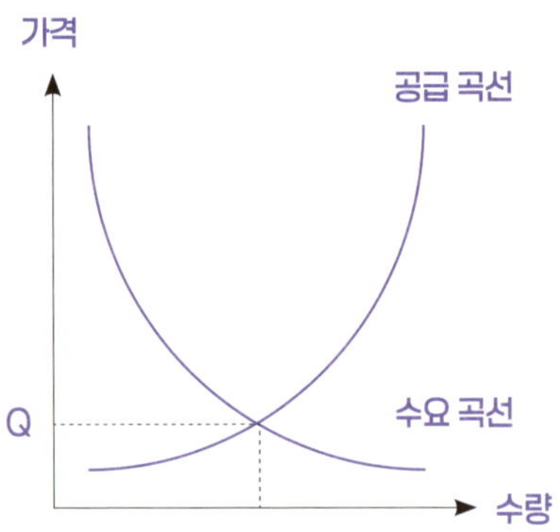

이처럼 수요량과 생산량은 가격에 따라 정반대로 움직이기 때문에 시장에서는 늘 팽팽한 줄다리기가 벌어진다. 시장의 가격은 소비량과 공급량이 일치하는 지점에서 결정된다. 이때 가격을 '균형 가격'이라 하고, 생산량과 소비량이 안정된 상태가 된다.

● 탄력성

'탄력성'은 가격이 변할 때 수요량과 공급량이 얼마나 민감하게 반응하는지 나타내는 정도다. 어떤 상품은 가격이 조금만 변해도 소비량이나 생산량이 크게 움직이지만, 어떤 상품은 가격이 크게 변해도 수요량과 생산량이 크게 변하지 않는다. 가격이 조금만 변해도 수요량이나 공급량이 크게 변하면 '탄력적'이라 하고, 가격이 변해도 큰 변화가 없으면 '비탄력적'이라 한다. 보통 생활에 꼭 필요한 물품은 가격이 올라도 사야 하므로 수요가 비탄력적이고, 생활필수품이 아닌 경우에는 비싸면 다른 물건을 사면 되므로 수요가 탄력적이다.

● 대체재

'대체재'는 쓰임새가 비슷하여 서로 경쟁하는 상품을 의미한다. 예를 들어 떡볶이와 김밥을 좋아하는 윤지는 떡볶이가 비싸면 김밥을 더 많이 사 먹는데, 이때 김밥이 떡볶이의 대체재가 된다. 윤지와 비슷한 사람이 많다면 김밥은 가격이 그대로인데도 떡볶이 가격에 영향을 받아 수요가 증가한다.

● 보완재

'보완재'는 함께 소비하는 관계인 상품을 의미한다. 예를 들어 스마트폰이 생기면 게임을 더 많이 하는데, 이때 스마트폰과 게임은 보완재다. 어른은 치킨과 맥주를 함께 마시길 즐겨 하기 때문에 치킨을 많이 먹으면 맥주도 많이 마시게 된다. 이때 치킨과 맥주는 보완재다. 그래서 치킨 가격이 오르면 치킨 소비만 주는 것이 아니고 맥주 소비도 줄어든다. 이처럼 대체재와 보완재는 가격 변화가 없음에도 소비량이 변하는 특징이 있다.

2

한계 효용과 한계 비용

● 효용

'효용'은 소비자가 어떤 상품을 소비할 때 얻는 주관적인 만족감이다. 예를 들어 떡볶이 한 그릇을 먹으면 혀가 즐겁고 배가 부르는 만족감을 얻고, 예쁜 키링을 사면 귀여움으로 채워지는 만족감을 얻는다. 그 만족감은 사람에 따라 다르기에 효용은 주관적이다.

● 한계 효용

'한계 효용'은 소비자가 상품을 한 단위 더 소비할 때 추가로 얻는 만족감이다. 저녁에 배가 고파서 피자를 한 조각 허겁지겁 먹었다. 한 조각을 먹으면서 배고픔이 줄어드는 만족감을 얻었다. 여전히 배가 고팠기에 한 조각을 더 먹었다. 이번에는 천천히 먹으면서 맛을 음미했다. 배를 충분히 채우고 맛있게 먹어 기분이 매우 좋았다. 배는 불렀지만 피자 맛이 좋아 한 조각을 더 먹었다. 약간 더부룩했지만 그래도 나름 맛있었다. 이처럼 피자 한 조각을 더 먹을 때마다 얻은 만족감을 '한계 효용'이라고 한다.

● 총효용

'총효용'은 어떤 상품을 소비할 때 얻는 주관적인 만족감의 총합이다. 총효용은 한계 효용을 모두 더한 값이다. 총효용은 한계 효용을 더할수록 점점 커지며, 한계 효용이 0이 되는 순간에 가장 크다. 배고픈 상태에서 피자를 한 조각 먹으면 매우 큰 만족감을 느끼고, 두 번째 조각을 먹을 때는 그보다 작은 만족감을 느끼며, 세 번째는 더욱 작은 만족감을 느낀다. 네 번째 조각을 먹었는데 기쁨을 느끼지 못했다면 그때 한계 효용은 0이 된다. 이때 총효용은 첫 번째, 두 번째, 세 번째 피자 조각을 먹으면서 느낀 만족감을 모두 더한 값이 된다.

● 한계 효용 체감의 법칙

'한계 효용 체감의 법칙'은 어떤 상품의 소비를 한 단위씩 늘릴수록 거기에서 얻는 만족감인 한계 효용이 점점 줄어든다는 원리다. 똑같은 것을 계속 소비할 때 처음 만족감이 가장 크고 소비가 거듭될수록 점점 만족감은 줄어든다. 배고플 때 처음에 먹는 피자는 큰 만족감을 주지만, 한 조각씩 더 먹을수록 만족감은 점점 줄어들어 어느 순간 0이 된다. 이처럼 소비하면 할수록 한계 효용은 점점 줄어든다.

● 한계 소비 성향

'한계 소비 성향'은 소득이 증가했을 때 소비에 사용되는 비율을 나타내는 값이다. 예를 들어 소득이 100만 원 늘어났을 때 그중 80만 원을 소비하는 데 쓰고 나머지는 저축한다면 한계 소비 성향은 0.8(80만 원÷100만 원=0.8)이 된다. 저소득층은 소득이 증가하면 그만큼 소비를 많이 하므로 저소득층일수록 한계 소비 성향이 높다.

● 명목 임금과 실질 임금

'명목 임금'은 노동자가 일하고 받는 돈을 의미한다. 명목 임금은 통장에 찍힌 돈, 실제로 받는 현금이다. 그런데 같은 돈이라도 물가에 따라 실제로 살 수 있는 상품량은 달라진다. 물가가 오르면 같은 돈이라도 살 수 있는 상품이 줄고, 물가가 내리면 더 많은 상품을 구입할 수 있다. 이처럼 물가 수준에 따라 실제로 살 수 있는 임금 수준을 '실질 임금'이라고 한다. 명목 임금이 올라도 물가가 그보다 더 큰 폭으로 오르면 실제로 살 수 있는 상품이 줄어들어 실질 임금은 하락한다. 따라서 소비자인 노동자가 더 많은 소비를 하게 하려면 실질 임금이 증가해야 한다.

● 한계 비용

'한계 비용'은 생산자가 상품을 한 단위 더 생산할 때 추가로 드는 비용이다. 작은 김밥 가게를 생각해 보자. 김밥을 열 개 만들다가 한

개를 더 늘리기로 했다. 그러면 김밥에 필요한 재료가 조금 더 필요하다. 재료를 손질하는 데 필요한 물, 가스, 전기 등도 더 들어간다. 모두 비용이다. 이처럼 김밥 생산을 한 개 더 늘리려면 이런저런 비용이 더 드는데, 이것을 '한계 비용'이라고 한다.

● 한계 비용 체증의 법칙

'한계 비용 체증의 법칙'이란 생산량이 증가함에 따라 어느 시점부터 한계 비용이 증가하는 현상을 의미한다. 주인 혼자 일하는 작은 빵 가게를 생각해 보자. 빵을 열 개 만들다가 빵을 한 개 더 만든다고 해서 비용이 그만큼 늘지는 않는다. 어차피 빵을 만드는 재료와 시설은 그대로고, 한 개 더 만드는 것이 그리 어렵지 않기 때문이다. 비용이나 노동이 그리 크게 들지 않는다면 빵 가게 주인은 열 개를 만들기보다는 11개를 만드는 것이 더 낫다. 빵을 만드는 시설은 그대로이니 재료만 좀 더 구입해서 빵을 12개, 13개로 늘려 가면 효율은 좋아진다. 즉, 한계 비용이 줄어든다. 빵을 20개 이상 만들면서는 힘이 들어 일할 사람도 한 명 늘리고 시설도 늘렸다. 그런데 비용은 크게 늘어났지만 효율은 그에 비례해서 증가하지 않았다. 즉, 생산의 효율성이 떨어지면서 한계 비용이 증가한다.

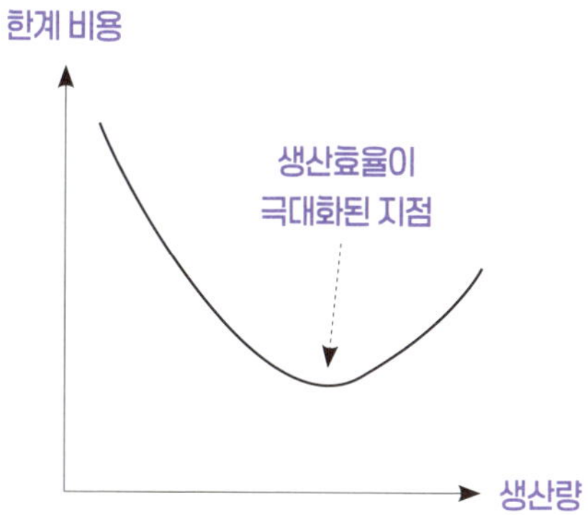

　이처럼 생산량을 늘리다 보면 초기에는 '생산량 증가에 따라 추가되는 비용'인 한계 비용이 줄어들지만 어느 시점부터는 한계 비용이 증가한다. 한계 비용이 최소인 지점에서 생산의 효율성이 극대화된다.

3

보이지 않는 손

● 보이지 않는 손

'보이지 않는 손'은 자유로운 시장이 작동하는 원리를 표현한 말이다. '보이는 손'이 계획에 따라 움직이는 경제를 나타내는 표현이라면, '보이지 않는 손'은 겉으로는 아무도 시장을 조절하고 통제하지 않지만 자연스럽게 조화와 균형을 이루며 시장이 작동하는 모습을 나타낸 표현이다. '보이지 않는 손'의 정체는 사람의 '이기심'이다. 자유로운 시장 경제에서 사람들은 남이 아니라 자기 이익 때문에 행동하는데, 그 결과로 사회 전체에는 이익이 된다. 빵집 주인은 돈을 벌려고 빵을 만들어서 팔고, 고깃집 주인은 돈을 벌려고 고기를 판다. 빵집 주인과 고깃집 주인은 모두 돈을 벌려고 움직이는데, 이 덕택에 우리는 맛있는 빵과 고기를 먹을 수 있다. 또 빵을 먹는 사람이 늘면 빵집 주인은 돈을 더 벌려고 빵을 많이 만들고, 고기를 찾는 사람이 늘면 고깃집 주인은 돈을 벌려고 고기를 더 많이 공급한다. 빵과 고기의 가격이 움직이면 그에 맞추어서 소비자는 자신의 상황과 이익에 맞게 소비하는 양을 조절한다. 이처럼 자유로운 시장 경제에서는 아무도 일부러 조절하지 않고 모두가 이기적으로 행동하지만, 자원은 효율적으로 분배되고 사회는 더 풍요로워진다.

● 시장 실패

'시장 실패'는 시장이 제대로 작동하지 않아 자원이 효율적으로 분배되지 않는 상태를 의미한다. 예를 들어 몇몇 기업이 시장을 완전히 장악했다면 가격을 기업 마음대로 통제할 수도 있고, 소비자가 정보를 충분히 알지 못해서 비효율적으로 소비할 수도 있다. 이때는 자원이 효율적으로 배분되지 않아 사회적으로 낭비가 생기고, 여러 가지 문제가 발생한다. 시장이 실패한 원인에는 불완전 경쟁(독과점), 정보의 비대칭성, 외부 효과, 공공재 등이 있다.

● 독과점

'독과점'은 '독점'과 '과점'을 합한 말이다. '독점'은 시장에 단 하나의 기업만 상품을 공급하는 경우고, '과점'은 소수 기업이 시장의 대부분을 차지하는 경우다. 독점 기업은 시장을 완벽하게 장악했기에 가격을 마음대로 결정할 수 있다. '과점'은 소수 기업밖에 없기에 서로 가격을 맞추거나 공급량을 조절해서 시장이 제대로 작동하지 않게 만들 수 있다. 독과점은 불완전 경쟁이기에 보이지 않는 손이 제대로 작동하지 않아 시장 실패를 발생하게 한다. 독과점으로 시장 실패를 막고자 한국은 공정거래위원회, 미국은 연방거래위원회와 반독점국을 설치해서 운영하고 있다.

● 정보의 비대칭성

'정보의 비대칭성'은 거래를 하는 당사자 사이에 서로 알고 있는 정보가 불균형함을 뜻하는 표현이다. 예를 들어 스마트폰이 고장 나서 수리하려고 할 때 서비스 센터 쪽이 소비자보다 훨씬 정보를 많이 알고 있으므로 부당하게 수리하거나 과도한 돈을 내라고 할 수 있다. 아파서 병원에 갔을 때도 마찬가지다. 의사는 전문 지식이 많지만 환자는 지식이 부족해서 의사가 시키는 대로 검사하고 약을 받을 수밖에 없다. 이처럼 정보가 많은 쪽이 적은 쪽보다 훨씬 유리하면 소비자가 부당한 소비를 하게 하거나 더 비싼 돈을 지불하게 할 수 있어 시장 실패가 발생한다.

● 외부 효과

'외부 효과'란 어떤 경제 주체의 활동이 제3자에게 의도하지 않은 이익이나 손해를 끼치지만 대가를 받거나 손해를 배상하지 않는 상태를 의미한다. 부정적 외부 효과는 제3자에게 피해를 주고, 긍정적 외부 효과는 제3자에게 혜택을 준다. 예를 들어 공장에서 폐수를 정화하지 않고 내보내면 공장은 돈을 아끼지만 주민들은 그 대가를 치러야 하는데, 이는 부정적 외부 효과다. 그 반대로 주민들이 돈을 들여 동네를 예쁘게 가꾼 덕분에 카페에 손님이 많이 온다면 이는 긍정적 외부 효과다. 외부 효과는 시장에서 거래되는 상품 가격에 반영되지 않기에 시장 실패의 원인이 된다.

● 공공재

'공공재'는 국방, 치안, 공원, 소방처럼 공공의 이익에 필요하지만 시장에서 제대로 공급하지 않거나 시장에 맡겨 둘 수 없는 재화와 서비스를 의미한다. 공공재는 비경합성과 비배제성이 특징이다. 공원을 예로 들어 보자. 공원은 한 사람이 사용해도 다른 사람이 사용할 수 있는데, 이런 특성을 '비경합성'이라고 한다. 공원을 이용할 때 대가를 지불하지 않았다고 이용을 막을 수는 없는데, 이런 특성을 '비배제성'이라고 한다. 공공재는 공급하는 데 비용이 많이 들지만 누구나 공짜로 이용할 수 있다. 그래서 공공재를 시장에 맡겨 두면 아무도 공급하려고 하지 않기에 '시장 실패' 현상이 발생한다.

4
금리와 환율

● 자본

'자본'은 생산 과정에 투입되는 기계, 화폐 등 자원을 의미한다. 자본은 실물 자본과 화폐 자본으로 나누는데, 실물 자본은 공장의 설비, 기계, 건물 등 생산에 사용하는 구체적인 생산 수단이고, 화폐 자본은 수익을 목적으로 투자되는 화폐다. 기업 재무 상태를 판단하는 회계학에서 자본은 기업 자산에서 부채를 뺀 나머지 금액(자본=자산-부채)을 의미한다.

● 자산

'자산'은 장래에 기업에 이익을 가져다주는 것으로 팔아서 현금으로 바꿀 수 있는 가치를 지니는 모든 것이다. 기업은 자산을 활용해서 돈을 벌어들인다. 자산은 고정 자산과 유동 자산, 무형 자산과 유형 자산으로 나눈다.

$$\begin{cases} \text{고정 자산: 장기적인 이익을 위해 기업이 소유한 자산} \\ \text{유동 자산: 1년 이내에 돈으로 바로 바꿀 수 있는 자산} \end{cases}$$

$$\begin{cases} \text{무형 자산: 주식, 저작권, 특허, 상표권 등 물리적인 실체가 없는 자산} \\ \text{유형 자산: 현금, 토지, 설비, 원자재, 재고품 등 물리적인 실체가 있는 자산} \end{cases}$$

● 부채

'부채'는 미래에 갚아야 할 의무나 갚아야 할 '빚'을 의미한다. 빚뿐 아니라 빌려 쓰고 갚지 않은 물건, 서비스, 신용 등도 부채다. '채무자'는 부채를 갚을 의무가 있는 사람이나 기업을 의미하고, '채권자'는 부채를 받을 권리가 있는 사람이나 기업을 의미한다. 벌어들이는 돈에 비해 부채가 많으면 채무자 신용도는 낮아진다. 신용도가 낮으면 신용도가 높은 사람(또는 기업)에 비해 이자율이 높다. 자본과 부채를 더하면 기업의 자산(자산=자본+부채)이 된다.[1]

● 자기 자본 비율

'자기 자본 비율'은 기업이 가진 자산 중에서 자기 자본이 차지하는 비중을 나타내는 지표다. 부채가 많으면 빚을 갚아야 하는 부담이

---

[1] 자산=자본+부채: 부채는 빚이지만, 그 빚 때문에 기업 자산을 마련할 수 있었기에 회계에서는 부채를 자산으로 잡는다. 예를 들어 은행에서 대출을 받아 공장을 지었다고 하자. 공장은 기업 자산이지만 빚으로 건설한 부채다. 그래서 기업 회계에서는 부채를 자산으로 잡는다.

크고, 채권자에게 영향을 많이 받는다. 따라서 자기 자본 비율이 높으면 채권자에게 의존하지 않고 안정적으로 기업을 운영할 수 있다. 금융 기관은 'BIS 자기 자본 비율'을 따지는데, 이는 국제결제은행(BIS)이 정한 위험 가중 자산[2]에 비해 자기 자본이 얼마인지 나타내는 기준이다.

$$\text{BIS 자기 자본 비율} = \frac{\text{자기 자본}}{\text{위험 가중 자산}} \times 100$$

BIS 자기 자본 비율은 은행이 얼마나 튼튼하고 건전한지 보여 주는 숫자로, 일정한 비율 이상을 유지해야 건전한 은행으로 평가한다.

● 금리

'금리'는 돈의 가치로 이자율이다. 이자는 돈을 빌리는 데 드는 비용이다. 100만 원을 빌렸는데 1년에 5만 원을 이자로 지급해야 한다면 이자율은 5%다. 물건이 흔하면 가치가 떨어지고, 귀하면 가치가 올라가듯이, 돈도 시중에 많이 풀리면 가치(금리)가 떨어지고 적으면 가치가 올라간다. 역으로 금리가 올라가면 많은 사람이 저축을 하기 때문에 시중에 돈이 줄어들고, 금리가 낮으면 저축하기보다는 투자하거나 소비하려는 사람이 늘어 시중에 돈이 많아진다.

---

2 위험 가중 자산: 은행의 모든 자산을 위험 정도에 따라 다르게 계산해서 더한 값이다.

● 중앙은행

'중앙은행'은 나라의 통화를 발행하고 통화량을 조절해서 물가 안정과 국민 경제의 발전을 목표로 활동하는 금융 기관이다. 한국은 '한국은행'이 중앙은행이다. 중앙은행이 하는 역할은 다음과 같다.

- 나라에서 유통되는 화폐를 발행한다.
- 기준 금리를 결정한다.
- 통화 정책을 수립하고 시행한다.
- 은행 시스템을 안정적으로 운영하도록 감독한다.
- 은행끼리 거래할 때 이를 관리하고 승인해 주는 역할을 한다.
- 필요할 때 은행에 대출해 주는 '은행의 은행' 역할을 한다.
- 정부 예금을 받고, 나랏돈을 관리하는 '정부의 은행' 역할을 한다.

● 기준 금리

'기준 금리'는 중앙은행이 시중 은행에 돈을 빌려주거나 받을 때 적용하는 금리로, 돈의 가치를 결정하는 기준이 된다. 중앙은행은 기준 금리로 시중에 풀리는 돈의 양을 조절한다. 시중 은행의 대출 금리, 예금 금리, 채권 금리는 모두 기준 금리의 영향을 받기 때문에 기준 금리는 경제에 큰 영향을 끼친다.

· 기준금리를 올리면……

- 시중에 유통되는 돈의 양이 줄어든다.

- 돈의 양이 줄어드니 물가가 안정된다.

- 이자로 내야 하는 돈이 늘어난다.

- 소비와 투자가 줄어들 위험이 있다.

· 기준금리를 내리면……

- 시중에 유통되는 돈의 양이 늘어난다.

- 이자를 내는 부담이 줄어든다.

- 소비와 투자가 활발해진다.

- 물가가 오를 위험이 있다.

중앙은행은 기준 금리를 결정할 때 경제 상황을 고려한다. 경기가
안 좋으면 기준 금리를 내린다. 기준 금리를 내리면 시중에 유통되는
돈의 양이 늘어나면서 투자와 소비가 활발해진다. 반면에 경기가 과
열되면 기준 금리를 올린다. 기준 금리를 올리면 시중에 유통되는 돈
의 양이 줄면서 투자와 소비가 진정되어 과열된 경기가 잦아들고 물
가가 안정된다.

● 통화량

'통화량'은 시중에 유통되는 돈의 총량이다. 통화량은 경제 활동의 규모와 물가에 직접적으로 영향을 미치므로 중앙은행은 경제 상황에 따라 다양한 방법으로 통화량을 조절한다.

- 기준 금리를 올리면 통화량이 줄어들고, 기준 금리를 내리면 통화량이 증가한다.
- 국채를 발행하면 통화량이 줄고, 국채를 사들이면 통화량이 는다.
- 금융 기관의 지급 준비율[3]을 높이면 통화량이 줄고, 지급 준비율을 낮추면 통화량이 는다.
- 금융 기관에 돈을 많이 대출하면 통화량이 늘고, 대출을 줄이면 통화량이 준다.

● 유동성

'유동성'은 자산을 얼마나 빠르고 쉽게 현금으로 바꿀 수 있는지 나타내는 개념으로, 유동성이 높다는 것은 현금으로 만들기 쉽다는 의미다. 주식이나 채권처럼 거래가 활발한 자산은 유동성이 높지만, 부동산이나 미술품은 거래 과정이 복잡하고 시간도 오래 걸려서 유

---

3 지급 준비율: 예금 중에서 은행이 중앙은행에 의무적으로 넣어 두어야 하는 금액의 비율을 의미한다. 예금자들이 갑자기 저축한 돈을 찾을 때 지급하지 못하는 사태를 막으려면 은행은 지급 준비율을 지켜야 한다.

동성이 낮다. 금융 시장에 유동성이 풍부하면 경제가 활성화되고, 유동성이 부족하면 경제가 가라앉는다. 기업은 유동성이 충분해야 생산과 거래를 활발하게 할 수 있으며, 유동성이 부족하면 위기에 빠진다. 개인이나 가정도 생활을 원만하게 하려면 유동성을 어느 정도 확보하고 있어야 한다.

● 환율

'환율'은 두 나라의 통화를 교환할 때 비율이다. 예를 들어 환율이 '1달러=1,300원'이라고 하자. 이것은 1달러를 얻으려면 우리 돈 1,300원을 지불해야 한다는 의미다.

환율 변동	예시	통화 가치	뜻
환율 하락	1달러=1,300원 ⇨ 1달러=1,200원	평가 절상	우리 돈 가치 상승
환율 상승	1달러=1,300원 ⇨ 1달러=1,400원	평가 절하	우리 돈 가치 하락

환율은 다양한 요인에 영향을 받는다.

· 환율은 수요와 공급으로 결정된다. 어떤 통화에 수요가 많으면 그 통화 가치는 오르고(환율 하락), 공급이 많으면 통화 가치는 떨어진다(환율 상승).

- 환율은 금리로 결정한다. 한 나라의 금리가 다른 나라보다 높으면 투자자는 더 높은 수익을 얻으려고 그 나라에 투자한다. 투자하려면 그 나라 화폐를 찾게 되므로 수요가 늘면서 통화 가치가 올라간다(환율 하락). 반면에 금리가 다른 나라보다 낮으면 외국으로 투자처를 옮기므로 그 나라 통화 수요가 줄면서 통화 가치는 내려간다(환율 상승).
- 환율은 물가 상승률에도 영향을 받는다. 물가 상승률이 다른 국가보다 높으면 그만큼 통화 가치는 하락하여 환율이 상승한다. 다른 나라보다 물가 상승률이 낮으면 그만큼 통화 가치는 상승하여 환율이 하락한다.
- 무역으로 벌어들이는 돈의 양도 환율을 결정한다. 무역으로 돈을 많이 벌면 외화가 많아져 통화 가치는 상승한다.

환율은 수출과 수입에도 큰 영향을 끼친다.

- 환율이 하락(원화 강세)하면 우리가 생산한 상품을 수출할 때 가격이 올라가 수출에는 불리하지만, 수입하는 물건 가격은 내려가서 물가는 안정된다. 예를 들어 환율이 1달러=1,000원에서 1달러=500원으로 하락했다고 하자. 환율이 하락하기 전에는 1,000원짜리 볼펜을 수출하면 1달러에 팔았다. 그러나 환율이 하락한 뒤에는 2달러에 팔아야 한다. 똑같은 볼펜인데 두 배나

비싸지니 그만큼 수출이 안 된다. 반면에 수입할 때는 그 반대 현상이 벌어지므로 수입하는 물건 가격은 내려간다.

· 환율이 상승(원화 약세)하면 우리가 생산한 상품을 수출할 때 가격이 내려가 수출에는 유리하지만, 수입하는 물건 가격은 올라 물가가 상승한다. 예를 들어 환율이 1달러=1,000원에서 1달러=2,000원으로 올랐다고 하자. 환율이 상승하기 전에는 1,000원짜리 볼펜을 수출하면 1달러에 팔았다. 그러나 환율이 하락한 뒤에는 0.5달러에 팔 수 있다. 똑같은 볼펜인데 절반 값에 팔면 수출이 잘된다. 반면에 수입할 때는 그 반대 현상이 벌어지므로 수입하는 물건 가격은 올라간다.

5

유가 증권과 암호 화폐

● 주식

'주식'이란 회사에 투자한 투자자에게 투자의 대가로 발행해 주는 증서다. 사업을 하는 데 돈이 부족하면 은행이나 타인에게 돈을 빌릴 수도 있지만 여러 사람이 회사 주인이 되어 돈을 내는 방법도 있다. 이때 돈을 낸 만큼 발행하는 증서가 '주식'이다. 주식을 소유한 사람을 '주주'라고 하며, 주식을 발행한 회사를 '주식회사'라고 한다. 돈을 빌리면 이자를 지불하고 나중에 원금을 갚아야 하지만, 주식을 발행하면 그런 부담 없이 오랫동안 자금을 이용할 수 있어 사업하는 데 유리하다. 주주에게는 투자한 비율만큼 주인으로서 권리가 생긴다. 주주는 주식시장에서 주식을 거래할 수 있다. 기업은 사업으로 돈을 벌면 투자자에게 일정한 금액을 나누어 주는데 이를 '배당'이라고 한다.

● 채권

'채권'은 정부나 기업 등이 투자자에게 사업에 필요한 자금을 빌리려고 발행하는 증서다. 투자자는 채권을 사서 발행 기관에 돈을 빌려주고 정해진 이자를 받아 만기가 되면 원금을 돌려받는다.

- 채권은 돈이 필요한 기관이 '빚'을 졌다는 증서다.
- 채권은 발행하는 시점에 이자율을 정한다.
- 채권은 안정된 수익을 보장하므로 주식 투자보다 안정적인 투자 수단이다.
- 채권은 정해진 만기에는 원금을 돌려주어야 하는 증권이다.
- 채권은 정부, 지방 자치 단체, 공기업, 금융 기관, 기업 등이 발행한다.

주식과 채권은 비슷하면서도 다르다. 주식은 기업 소유권을 나타내지만 채권은 발행 기관에 대한 '채권자' 지위를 나타낸다. 또 주식은 기업의 사업 결과에 따라 수입이 크게 변하지만, 채권은 이미 정해진 이자를 받기로 했으므로 수입이 안정적이다.

● 국채

'국채'란 정부가 공공 이익에 사용할 목적으로 자금을 조달할 때 발행하는 채권이다. 국채는 일반 채권과 마찬가지로 투자자에게 이자를 지급하고 만기일에 원금을 갚는다. 국채는 국가가 발행하여 지급을 보증하므로 다른 채권에 비해 안정성이 높다. 안정성이 높은 만큼 이자는 다른 채권보다 더 낮은 편이다.

● 회사채

'회사채'란 기업이 장기적으로 자금을 조달하려고 발행하는 채권이다. 투자자는 회사채를 구매해서 그 기업에 돈을 빌려주고, 정해진 이자를 받으며, 만기가 되면 원금을 돌려받는다. 회사채는 국채보다는 안정성이 떨어지므로 국채보다 금리가 높다.

● 유가 증권

'유가 증권'은 주식, 채권, 어음, 수표처럼 재산 가치를 나타내는 증서다. 유가 증권은 화폐가 아니지만 돈처럼 재산 가치를 나타낸다. 유가 증권에는 성격에 따라 상품 증권, 신용 증권, 자본 증권이 있다.

- 상품 증권: 운송 중이거나 창고에 보관된 화물에 대한 청구권을 표시하는 증권
- 신용 증권: 어음, 수표처럼 화폐를 대신해서 유통 수단을 이용하는 증권
- 자본 증권: 채권, 주식처럼 이자나 이윤을 목적으로 투자한 금액을 표시한 증권

● 신용

'신용'이란 미래에 약속한 대로 돈을 지불할 수 있는 능력이 있다는 믿음을 의미한다. 신용이 있기 때문에 경제 활동 주체들은 돈을 빌리고, 신용 카드를 쓰고, 외상으로 거래하기도 한다. 신용은 과거의 금융 거래 기록을 바탕으로 평가한다. 기업이든 개인이든 신용도가 높을수록 대출이나 금융 거래에 유리하지만, 신용을 관리하지 못하면 신용이 낮게 평가되면서 불이익을 당한다.

● 신용 평가

'신용 평가'란 채무를 진 개인, 기업, 정부 등이 돈을 갚을 능력을 분석하여 등급을 결정하는 것이다. 신용 평가에 따라 금융 기관은 대출 여부와 금액을 결정하고 이자율도 정한다. 신용 평가 등급은 투자자가 기업이나 정부에 투자할 때도 중요한 기준이 된다. 신용 평가는 전문성을 갖춘 기관이 하며, 채무를 갚지 않을 가능성을 계산해서 등급을 결정한다. 신용 평가는 정보의 비대칭성을 해소하여 금융 거래와 투자의 효율성을 높여 준다.

● 파생 금융 상품

'파생 금융 상품'이란 주식과 채권 등 전통적인 금융 상품을 기초자산으로 삼고, 기초 자산 가치가 변화하면서 가격이 결정되는 금융상품을 의미한다. 주식, 채권, 통화, 농산물, 천연자원, 부동산 대출

등 평가 가능한 모든 상품을 파생 금융 상품의 기초 자산으로 활용한
다. 심지어 파생 금융 상품을 기초 자산으로 한 2차 파생 금융 상품도
있다. 파생 금융 상품은 다가올 미래 위험을 줄이는 목적에서 만들었
다. 적은 돈으로 큰돈을 움직일 수 있어 투기적 거래에 이용되어 큰
이득을 보기도 하지만 큰 손해를 입기도 한다.

● 금융 위기

'금융 위기'란 복잡한 금융 시스템이 제대로 작동하지 않고 무너져
서 발생하는 경제 위기를 의미한다. 은행이 예금자들에게 돈을 지불
할 수 없거나, 외국 자금이 급격하게 빠져나가거나, 금융 기관을 비
롯한 기업들이 과도하게 빚을 져서 대규모 파산 위기에 처할 때 금융
위기가 발생한다. 금융 위기가 닥치면 자산 가치가 폭락하고, 부채를
갚지 못하고, 신용이 마비되어 경제가 제대로 돌아가지 않는다. 1997
년 우리나라에서는 외환이 급격하게 빠져나가면서 금융 위기를 겪었
고, IMF에서 급하게 돈을 빌려서 겨우 국가 파산을 막았다. 2008년에
는 '서브프라임 모기지 사태'로 대규모 금융 기관이 파산하면서 금융
위기가 닥쳤다. 2008년 금융 위기는 세계 금융의 중심인 미국에서 발
생했기에 세계 경제에 큰 타격을 입혔다. '서브프라임 모기지 사태'
는 금융 기관이 신용 등급이 낮은 사람들에게 주택을 담보로 무분별
하게 대출하고, 이 대출을 기초 자산으로 하여 복잡한 파생 금융 상
품을 만든 것이 원인이었다. 신용도가 낮은 사람들에게 마구 대출해

주었는데 주택 가격이 하락하면서 이자를 갚지 못한 사람이 늘어나
자 금융 상품이 연쇄적으로 부실해지면서 금융 위기가 닥쳤다.

● 폰지 사기

'폰지 사기'란 신규 투자자의 돈으로 기존 투자자에게 약속한 수익
을 지급하는 방식의 금융 사기다. 1920년대 찰스 폰지가 벌인 사기에
서 유래한 말이다. 폰지는 단기간에 큰 이자를 주겠다면서 투자금을
모았고 많은 사람이 믿고 투자했다. 폰지는 아무런 사업도 벌이지 않
은 채 다음 투자자를 모집하여 그 돈으로 앞서 투자했던 사람들에게
높은 이자를 지급했다. 그다음 투자자를 모집해서 또 이자를 지급하
는 방식으로 약속을 지켜 나갔다. 그러나 이런 다단계는 새로운 투자
자가 꾸준히 나타나지 않으면 계속할 수 없었기에 결국 사기가 들통
났다. 그 뒤로 폰지처럼 다단계 수법으로 투자금을 모아 고객을 속이
는 짓을 폰지 사기라고 한다.

● 암호 화폐

'암호 화폐'는 네트워크, 블록체인, 암호화 기술 등으로 정부가 아
닌 민간에서 발행하고 운영하는 새로운 형태의 디지털 화폐다. 암호
화폐는 디지털 형태로만 있으며 은행이나 정부에 의존하지 않고 거
래할 수 있다. 비트코인은 최초의 암호 화폐로, 2008년 세계 금융 위
기에 대응하려고 만들었다. 그 이후 수많은 암호 화폐가 탄생해서 활

발하게 거래되고 있다. 암호 화폐는 기존 화폐를 대체하는 새로운 화폐가 될 것이라는 기대도 받았지만, 너무 빠르고 급격하게 가격이 변해서 제대로 된 화폐로 기능하지 못할 것이라는 비판도 받고 있다.

6

경기 순환

● 국내 총생산(GDP)

'GDP'는 일정 기간 한 나라의 영토 안에서 생산된 모든 최종 상품과 서비스 가치를 합한 값이다. GDP는 한 나라의 영토 안에서 생산된 것을 기준으로 하며, 최종 생산물만 대상으로 한다. GDP는 한 나라의 경제 규모를 파악하고 경제 성장률을 측정하는 데 사용한다. 그러나 GDP는 주부 가사 노동, 공동체 협력처럼 시장에서 거래하지 않은 경제 활동은 반영하지 못하고, 환경을 파괴하는 활동도 GDP에 포함한다는 문제점이 있다. 무엇보다 GDP는 경제 활동의 질적인 측면은 보여 주지 않는다. 예를 들어 경제가 크게 성장했는데 빈부 격차는 더 심해졌다면 GDP는 그저 경제가 성장한 면만 보여 준다.

· 명목 GDP: 물가가 인상된 것과 상관없이 시장 가격으로 평가한 GDP(생산량이 변하지 않아도 물가가 5% 오르면 GDP도 5% 늘어난다.)

· 실질 GDP: 물가 인상을 제거하고 생산량 변동만 반영해서 평가한 GDP(생산량이 변하지 않고 물가가 오르면 GDP는 그대로다.)

국민 경제의 전체적인 규모나 변화를 분석할 때는 명목 GDP를 사용하고, 실제 경제 활동의 모습을 알고 싶을 때는 실질 GDP를 사용한다.

● 경제 성장률

'경제 성장률'은 GDP가 이전 기간에 비해 얼마나 증가했는지 백분율로 나타낸 값이다. 물가 변동을 뺀 실질 GDP의 증가율을 의미하며, 한 나라의 경제가 얼마나 성장했는지 보여 준다.

$$\text{경제 성장률} = \frac{\text{올해 실질 GDP} - \text{작년 실질 GDP}}{\text{작년 실질 GDP}} \times 100$$

● 무역 수지

'무역 수지'는 한 나라의 상품 수출액에서 수입액을 뺀 값이다. 무역 수지는 상품을 거래하는 무역에서 그 나라가 흑자(이익)인지 적자(손해)인지 보여 준다.

● 경상 수지

'경상 수지'는 한 나라의 상품 수출입, 서비스 교역, 소득 거래, 이전 거래 등 모든 거래에서 발생한 수입과 지출의 차이를 의미한다. 외국과 거래를 해서 외화를 얼마나 벌어들이고 얼마나 내보냈는지 보여 주는 지표다. 경상 수지는 크게 네 가지 영역으로 나눈다.

- 상품 수지: 상품의 수출입 차이
- 서비스 수지: 여행, 통신, 보험 등 서비스의 수출입 차이
- 본원 소득 수지: 임금, 배당금, 이자 등 투자로 번 금액과 지급한 금액의 차이
- 이전 소득 수지: 무상 원조 금액, 국제기구 분담금처럼 대가 없이 주고받는 거래의 차이

● 경기 순환

'경기 순환'은 경제 활동의 상승과 하강이 되풀이되는 현상이다. 경제는 꾸준히 성장하지 않고 어떤 때는 좋고 어떤 때는 나쁘기를 반복한다. 경제 활동이 활발한 호황기에는 생산과 소비가 늘고 일자리가 증가하지만, 경제 활동이 침체되는 불황기에는 생산과 소비가 줄고 실업자가 늘어난다. 불황이 아주 심해져 생산과 소비, 투자가 급격하게 위축되고 실업자가 대량으로 발생하는 상황을 '공황'이라고 한다.

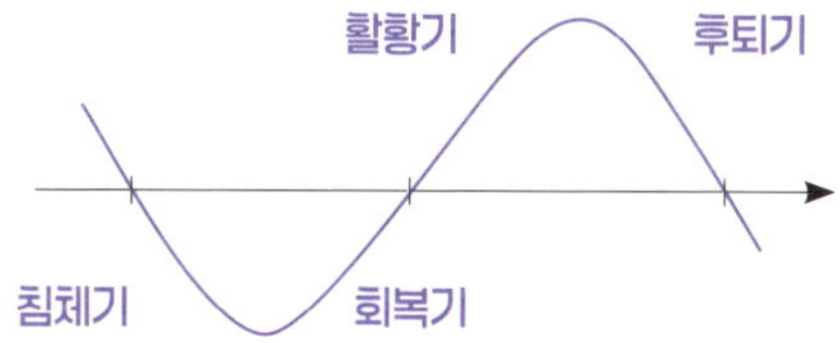

- 침체기: 경제 활동이 크게 위축, 실업자 급증
- 회복기: 투자와 생산이 서서히 증가, 실업률 감소
- 활황기: 생산과 투자와 소비가 크게 증가, 고용률 증가
- 후퇴기: 과잉 생산 발생, 경제 활동이 조금씩 둔화, 소비 감소

● 튤립 투기

'튤립 투기'는 17세기 네덜란드에서 튤립을 둘러싸고 벌어진 광기 어린 투자 현상을 가리킨다. 경제가 비정상적으로 과열하거나 침체하면 시장은 때로 이성을 잃고 광기에 휩싸인다. 17세기 네덜란드에서는 튤립 구근 하나가 집 한 채 값보다 비싸게 거래되었다. 오직 오를 것이라는 기대만으로 가격이 급등하다가 거품이 터지듯이 거래 가격이 무너지면서 많은 사람이 파산했다. 튤립 투기는 인간의 과도한 탐욕과 비이성적인 판단이 얼마나 엄청난 광기로 이어지는지 보여 주는 사례다. 이와 유사한 투자 광풍은 자본주의 역사에서 반복적으로 발생했다.

● 인플레이션

'인플레이션'은 화폐 가치가 떨어지고 물가가 계속 오르는 현상이다. 인플레이션이 발생하면 돈 가치가 하락하여 같은 돈으로 살 수 있는 물건량은 줄어든다. 인플레이션은 소비자 수요는 많은데 공급이 따라 주지 못할 때, 생산하는 비용이 크게 상승할 때, 시중에 돈이 너무 많이 풀렸을 때 발생한다. 인플레이션이 발생하면 돈 가치가 떨어지기에 성실하게 저축한 사람만 손해를 본다. 반면에 부동산, 주식 등 자산이 많은 부자는 자산 가격이 올라 큰 이득을 본다. 그래서 인플레이션이 발생하면 부자는 더욱 부자가 되고 서민은 가난해져 빈부 격차는 더 심해진다.

● 디플레이션

'디플레이션'은 화폐 가치가 오르고 물가가 계속 떨어지는 현상이다. 디플레이션이 발생하면 돈 가치가 상승하여 같은 돈으로 살 수 있는 물건량은 늘어난다. 디플레이션은 수요가 줄 때, 생산성이 증가하여 공급이 지나치게 많을 때, 시중에 유통되는 화폐 유동성이 부족할 때 발생한다. 디플레이션이 발생하면 소비자는 앞으로 가격이 더 떨어질 것을 예상해서 소비를 줄이고, 기업의 생산과 투자가 감소하면서 극심한 경기 침체로 이어질 수 있다. 디플레이션은 파괴적인 경기 침체로 빠질 수 있어 대부분 디플레이션보다는 약간의 인플레이션이 경제에는 더 좋다고 여긴다.

● 스태그플레이션

 '스태그플레이션'은 경기 침체로 실업률은 높은데 인플레이션이 발생하는 최악의 경제 상황이다. 원래 경기가 나쁘면 소비는 감소하기에 인플레이션이 발생하지 않는다. 중앙은행이나 정부는 경기가 나쁘면 통화량을 늘려 경기가 좋아지도록 하고, 경기가 좋아져 인플레이션이 발생하면 통화량을 줄여 경기를 가라앉힌다. 경기가 나쁜데 인플레이션이 발생하므로, 스태그플레이션이 발생하면 제대로 해결책을 찾을 수 없다. 그래서 스태그플레이션은 최악의 경제 상황이다.

7

유효 수요와 FTA

● 대공황

'대공황'은 1929년 10월 미국의 뉴욕 증시가 크게 폭락한 것을 계기로 시작되어 1930년대까지 이어진 세계 경제의 심각한 침체 사태를 지칭한다. 대공황 시기에 수많은 은행과 기업이 파산했고, 실업자가 거리에 넘쳐 났으며, 무역이 급격하게 줄어드는 대혼란이 발생했다. 대공황은 몇몇 국가가 아니라 전 세계로 퍼져 사회적 갈등이 심각했고, 독일과 같은 몇몇 국가는 전쟁과 독재로 위기를 극복하려고 시도했다.

● 유효 수요

'유효 수요'는 물건을 사고 싶은 욕구뿐만 아니라 실제로 그 물건을 구매할 수 있는 충분한 돈을 갖고 있는 수요를 의미한다. 유효 수요가 적으면 경제 활동 규모가 작아지고, 유효 수요가 많으면 경제 활동의 규모가 커진다. 경제학자 케인스는 대공황이 발생한 원인으로 유효 수요가 부족했다고 하면서 유효 수요를 늘려야 경제 공황에서 벗어날 수 있다고 지적했다. 기존 경제학자들은 '공급이 수요를 만들어 낸다'고 하면서 공급을 중심으로 경제 문제를 다루었지만, 케인스는 유효 수요 개념을 제시하며 수요를 중심으로 경제 문제를 다루었다. 케인스는 대공황 상황에서 가계와 기업이 유효 수요를 늘릴 능력이 부족하니 정부가 적극 개입하여 유효 수요를 창출해야 한다고 제안했다.

● 승수 효과

'승수 효과'는 정부가 지출을 늘리거나 기업이 투자할 경우 그것이 계속해서 소비와 소득의 순환을 일으켜 원래 정부와 기업이 지출한 금액보다 훨씬 큰 폭으로 소득을 증가시키는 현상을 의미한다.

정부의 공공사업 → 고용 증가 → 소비 증가 → 기업 수익 증가

정부가 지출하거나 기업이 투자하면 국민 소득은 증가한다. 소득이 증가한 국민은 소비를 늘리므로 기업 수익이 증가하고, 기업은 더 많은 이익을 얻고자 더 많은 사람을 고용한다. 이 과정을 반복하면 처음에 정부가 지출하거나 기업이 투자한 돈보다 훨씬 큰 소득 증

대 효과가 나타난다. 승수 효과는 '한계 소비 성향'이 클수록 커지는데, '한계 소비 성향'은 소득이 증가했을 때 소비에 사용되는 비율이다. 소득이 생겼을 때 소비를 많이 하면 할수록 수요는 더 크게 증가해서 기업 수익은 증가한다.

● 재정 정책

'재정 정책'은 정부가 세금과 지출을 조절하여 경기를 안정시키거나 활성화하는 경제 정책이다. 경기가 좋지 않을 때는 정부 지출을 늘리거나 세금을 줄여서 경기가 활성화되도록 하고, 경기가 지나치게 활성화될 때는 정부 지출을 줄이거나 세금을 늘려서 경기가 안정되도록 한다. 또 정부는 필요할 경우 특정한 산업이나 지역에 재정을 투입하여 발전시키는 정책을 펴기도 한다.

● 통화 정책

'통화 정책'이란 중앙은행이 물가 안정이나 경제 성장을 목표로 통화량이나 이자율을 조절하는 정책을 의미한다. 우리나라의 중앙은행인 한국은행은 물가 안정을 제1의 통화 정책 목표로 삼고 있다. 중앙은행은 경기가 안 좋으면 기준 금리를 낮추어 투자를 촉진하고, 경기가 지나치게 좋으면 기준 금리를 올려 인플레이션을 억제한다.

● IMF 구제 금융

‘IMF 구제 금융’은 어떤 국가에 외화가 없어 국가 부도 위기에 처했을 때 부도를 막고자 IMF(국제통화기금)에 요청하는 긴급 자금이다. 우리나라는 1997년 외환 보유고가 바닥나면서 IMF에 구제 금융을 신청했고, 그 대가로 강도 높게 구조 조정을 해야 했다. 그 과정에서 수많은 기업이 무너졌고, 많은 사람이 실업자가 되었으며, 비정규직이 대규모로 늘어났다.

● 세계화

‘세계화’는 전 세계가 하나의 거대한 시장처럼 움직이는 현상이다. 교통, 통신, 정보 기술의 발달로 국가 간 장벽이 허물어지고 사람과 자본, 상품과 정보가 국경을 자유롭게 이동하며 세계가 하나의 공동체로 서로 의존하는 관계가 되고 있다. 세계화 덕분에 클릭 한 번으로 외국의 물건을 직접 살 수 있고, 멀리 떨어진 다른 나라에서 일어난 사건이 우리나라 경제에 영향을 끼치게 되었다. 세계화로 소비자는 더 다양하고 저렴한 상품을 살 수 있게 되었으며 경제도 빠른 속도로 발전했다. 그러나 세계화 때문에 빈부 격차는 심해지고 한 국가의 안전과 생활에 필수적인 산업이 약화되는 등 부작용도 나타나고 있다.

● 기축 통화

　'기축 통화'는 외환 시장에서 금융 거래나 결제의 중심이 되는 통화를 의미한다. 전 세계적으로 무역하려면 모든 나라가 서로 신뢰하고 사용할 수 있는 공통 화폐가 필요하다. 19세기 중반부터 제1차 세계 대전 전까지는 영국의 '파운드'가 기축 통화였고, 제2차 세계 대전 이후에는 미국의 '달러'가 기축 통화로 기능하고 있다. 기축 통화가 되려면 그 나라가 군사적으로 강해야 하며, 경제가 발전하여 통화 가치가 안정되고 발전된 금융 시장이 있어야 한다.

● 브레튼우즈 체제

　'브레튼우즈 체제'는 미국의 달러를 기축 통화로 삼아 달러 가치를 금에 고정(1온스=35달러)하고 다른 나라 통화 가치는 달러에 고정하는 체제다. 과거에는 각 나라의 화폐 가치를 금 무게에 고정하고, 그 화폐를 내면 언제든지 해당 금액만큼 금으로 바꾸어 주는 금태환 제도로 나라끼리 거래했다. 금태환은 자유로운 무역을 하는 데 필수적이었다. 제2차 세계 대전이 끝나기 전인 1944년 미국 브레튼우즈에서 열린 회의에서 여러 나라가 모여 금과 달러를 중심으로 한 고정 환율제 시스템을 만듦으로써 제2차 세계 대전 이후 안정된 세계 경제 질서를 만들 수 있었다.

● 트리핀 딜레마

'트리핀 딜레마'는 기축 통화국이 처한 딜레마 상황으로, 유동성 공급을 위해서는 국제 수지 적자를 지속해야 하지만 이 적자는 기축 통화의 신뢰도를 떨어뜨리는 딜레마를 말한다. 세계 경제가 성장하려면 미국 달러가 세계에 더 많이 공급되어야 하고, 이는 미국이 계속해서 더 크게 적자를 보아야 한다는 의미다. 그러나 적자가 쌓이면 쌓일수록 기축 통화국에 대한 신뢰도는 하락한다. 브레튼우즈 체제에서는 달러만큼 미국이 금을 바꾸어 주기로 했는데 많은 나라가 '과연 미국이 저 많은 달러를 금으로 모두 바꾸어 줄 수 있을까?' 하는 의문이 생기면서 달러 신뢰도가 떨어졌다. 이 딜레마를 극복하지 못한 미국은 1971년 달러의 금태환 정지를 선언했고 브레튼우즈 체제도 끝이 났다.

● 무역 장벽

'무역 장벽'이란 국가가 무역으로 얻는 수입을 제한하는 데 사용하는 정책 수단이다. 자유 무역을 하면 각 나라가 가장 잘 만들 수 있는 상품(비교 우위 상품)에 집중하여 생산성을 높이고, 소비자는 더 다양한 상품을 더욱 저렴하게 구매할 수 있다. 그러나 산업이 발전하지 않은 나라는 값싸고 질 좋은 외국 제품에 밀려 국내 산업이 무너질 수 있기에 국가는 자국의 산업을 보호하려고 개입하기도 한다. 무역 장벽은 크게 관세 장벽과 비관세 장벽으로 나뉜다. 관세 장벽은 수입품에 높은 관세(세금)를 부과하여 가격을 높이는 방식이고, 비관세 장벽은 관세 외에 수입품의 수량 제한, 수입 허가제, 기술 규정을 이용한 수입 제한 등 조치를 취해 수입을 어렵게 만든다. 무역 장벽으로 정부는 자국 산업을 보호하고, 무역 수지를 개선하며, 관세를 부과하여 재정 수입을 늘린다.

● 자유무역협정

'자유무역협정(FTA)'이란 무역 장벽을 허물고 특정 국가끼리 더욱 자유롭게 교역하려고 맺은 약속이다. FTA를 체결한 국가들은 서로에게 관세 등 무역 장벽을 크게 낮추거나 완전히 없앤다. 이렇게 하여 상품과 서비스 이동이 활발해져 다른 나라임에도 마치 하나의 경제권처럼 움직인다. FTA를 맺으면 거래가 활성화되어 경제가 빠르게 성장하지만, 경쟁력이 약한 나라의 산업은 큰 피해를 입을 수 있다.

8

경제 사상

● 애덤 스미스

근대 경제학의 아버지다. 각자의 이기적인 행위가 '보이지 않는 손'으로 조절되어 사회 전체의 이익을 증진시킨다는 이론을 제시하며, 정부 개입을 최소화하고 시장 자율에 맡기는 시장 경제 체제 이론을 수립했다.

● 리카르도

애덤 스미스는 각 나라가 절대적으로 우위에 있는 상품을 사고팔면 서로 이익이라는 '절대 우위론'을 바탕으로 자유 무역을 지지했다. 리카르도는 각 나라가 어떤 상품에 절대 우위가 없더라도 기회비용이 더 적은 상품에 집중해서 교역하면 두 나라 모두에게 이익이 된다는 비교 우위론을 제시했다. 비교 우위론은 자유 무역의 이론적 토대가 된다.

● 고전학파

애덤 스미스의 사상을 이어받은 학파로 정부는 시장에 최소한으로 개입하고, 나머지는 시장에 자유롭게 맡겨야 한다는 자유방임주의를 주장했다. 이들에 따르면 공급이 수요를 창조하기에 경제는 자유롭게 움직이도록 두면 과잉 생산이나 장기적인 불황은 발생하지 않으며, 시장은 언제나 균형을 이룬다고 한다. 이 이론은 공황이 일어난 원인을 정확히 분석하지 못하고, 해결책도 제대로 제시하지 못하는 한계를 드러냈다.

● 신고전학파

고전학파를 계승한 학파로 한계 효용이라는 개념을 도입하여 미시적인 인간의 경제 활동 원리를 체계적으로 분석했다. 신고전학파는 인간의 합리성을 경제학 이론의 기본 바탕으로 삼아 수학을 활용하여 체계적인 경제학 이론을 정립했다.

● 포드주의

20세기 초, 헨리 포드가 자동차 생산에 도입하고 발전시킨 생산 및 경영 시스템이다. 포드는 컨베이어 벨트 시스템을 도입하여 자동차를 대량 생산하고, 과학적 관리법으로 자동차 생산의 효율성을 극대화했다. 또 노동자에게 높은 임금을 지급하여 노동자를 자기 회사의 자동차를 구매하는 소비자로 만들었다. 포드주의는 저렴한 가격으로 자동차를 대중화하는 데 크게 기여했으며, 20세기 기업의 생산 방식과 대중의 소비문화를 크게 변화시켰다.

● 케인즈주의

대공황을 극복하려고 케인즈가 제시한 이론으로, 시장에 맡겨 놓으면 불황을 극복할 수 없으므로 정부가 적극적인 재정 정책을 펼쳐 유효 수요를 창출하여 경제를 활성화해야 한다고 주장했다. 케인즈는 공황을 극복하려면 정부가 적극적으로 개입하여 대규모 공공사업을 벌여 일자리를 만들고, 세금을 조절해서 유효 수요를 늘려야 한다는 처방전을 제시했다. 케인즈주의는 대공황 이후 수십 년 동안 세계 경제학의 중심이 되었다.

● 통화주의

1970년대 경기는 나빠지는데 인플레이션이 발생하는 스태그플레이션이 발생하자 케인즈주의를 비판하면서 등장한 이론이다. 통화주의자들은 정부가 인위적으로 경기를 활성화하려고 하면 인플레이션이 발생하므로, 정부는 통화량만 안정적으로 관리하고 나머지는 시장에 맡겨야 한다고 주장했다. 이들은 기업 자유를 강조하며, 기업이 쉽게 노동자를 해고하고 고용하는 '노동 유연성', 공공 부문이 운영하던 철도나 통신 등을 민간 기업에 매각하는 '민영화', 기업 내부 업무의 일부를 외부에 맡기는 '외주화'를 시행해야 한다고 주장했다.

● 제도학파

법, 관습, 문화 등 사회적인 요소가 경제 활동에 미치는 영향을 중요하게 분석하는 학파다. 제도학파는 인간이 합리적으로 소비한다고 인정하지만 그 합리성이 사회적인 요소에 크게 영향을 받는다고 강조했다. 대표적으로 베블런의 '유한 계급론'은 남들에게 보여 주려는 과시적 욕구가 소비에 큰 영향을 끼친다는 이론이다.

● 행동 경제학

인간이 합리적으로만 행동하지 않는다는 점을 근거로 경제학에 심리학을 결합한 경제 이론이다. 사람들이 경제적 결정을 내릴 때 경제적 이익뿐 아니라 감정적인 요소나 사회적 요인에도 영향을 받는 점을 분석한다.

● 진화 경제학

생물학적 진화 원리를 경제학에 도입한 이론이다. 진화 경제학에서는 경제가 지속적으로 변화하고 발전하는 시스템이라고 본다. 진화론의 변이, 선택, 유지 같은 개념을 도입해서 경제 현상을 분석한다.

● 정보 경제학

정보가 경제적 의사 결정에 미치는 영향을 분석하는 경제학 이론이다. 정보 경제학의 핵심 개념은 '정보의 비대칭성'이다. 거래 당사자 사이의 정보가 평등하지 않아서 역선택과 도덕적 해이 같은 문제가 생긴다고 본다. '역선택'은 정보의 비대칭 때문에 시장에서 바람직하지 않은 선택을 하는 현상이다. '도덕적 해이'는 계약을 맺은 후에 정보를 더 많이 가진 쪽이 상대방은 알 수 없는 선택을 함으로써 자신의 이익을 챙기는 현상이다.

● 신케인즈학파

통화주의가 케인즈주의를 비판하자 이를 반박하면서 새롭게 발전한 이론이다. 케인즈주의가 유효 수요 부족과 재정 정책을 강조했다면, 신케인즈학파는 시장이 스스로 효율적인 균형을 달성하지 못하는 이유를 미시적 관점에서 설명하고 통화 정책이 할 역할도 강조한다.

● 미시 경제학과 거시 경제학

'미시 경제학'은 숲을 이루는 나무를 관찰하듯이 경제의 세밀한 면을 연구하고, '거시 경제학'은 숲 전체를 살피듯이 경제의 총체적인 현상을 연구한다. '미시 경제학'은 경제 현상에서 가계, 기업, 개인 등 경제 주체의 의사 결정과 상호 작용을 연구하고, '거시 경제학'은 개별 경제 주체가 아니라 국내 총생산, 물가, 실업률, 경제 성장률, 통화 정책, 재정 정책 등을 종합적으로 연구한다.

● 경제 민주화

경제 영역에서 정의·공정·평등의 원칙을 실현하려는 개념이다. 자본주의가 발전하면서 소수에 부가 집중되어 불평등이 심화하는 문제를 해결하고, 경제 주체의 공정한 경쟁과 적절하게 소득을 분배하여 국민 모두의 삶을 개선하는 것이 목표다.

“드디어 마지막 관문이야.”

“정말 마지막이겠지?”

“그래, 이 문만 열면 끝이야.”

“그런데, 저게 뭐지?”

마지막 관문 앞에는 그릇이 여러 개 놓여 있었습니다. 윤재와 윤지는 지친 다리를 간신히 이끌고 그릇을 향해 다가갔습니다. 그릇에는 다양한 물질이 들어 있었습니다. 모래, 소금, 단풍잎, 구슬, 흙, 코코아, 설탕, 솜뭉치, 머리카락, 물, 유리 조각 등이 각 그릇에 담겨 있었습니다.

“이게 도대체 다 뭐야?”

“아무런 설명도 없이…… 뭘 어떡하라고.”

“집중해. 마지막이야. 내 생각에는 이 중에서 하나를 골라야 하는 것 같아.”

“그게 무슨 대단한 생각이라고…… 실패하면 너도 알지. 또 한참 뒤로 돌아갔다가 다시 와야 해. 그 지겨운 걸 다시 반복하기 싫어.”

“그러니까 한 번에 정확히 골라야지.”

“뭘 골라야 하냐고.”

“소리만 치지 말고 생각을 해.”

“알아! 나도 생각한다고.”

둘은 그릇을 노려보며 어찌할 바를 몰랐습니다. 어떤 그릇을 골라야 할지 결정할 수 없었죠. 한참 노려보던 윤지가 갑자기 “아!” 하고

소리를 내뱉더니 손을 쭉 뻗었습니다.

"뭐야? 알아낸 거야?"

윤지가 고개를 끄덕이며 손가락으로 그릇 하나를 가리켰습니다.

"그렇구나! 그거였어."

윤지는 그릇 하나를 들어서 꾹 닫힌 문을 향해 뿌렸습니다. 하얀 소금이 문에 부딪치자 문이 연기처럼 흩어지며 사라졌습니다. 다시 어둠이 퍼지면서 밝은 빛이 허공에서 반짝였습니다. 처음 윤재와 윤지를 돈의 미로 속으로 밀어 넣은 바로 그 구겨진 5만 원권입니다.

"무사히 통과하신 것을 축하합니다."

윤재와 윤지는 돈이 마치 웃는 것처럼 느꼈습니다. 처음 나타났을 때는 반말이었는데 이제는 존댓말입니다.

"오래전부터 인류는 혼자서 필요한 물건을 다 만들 수 없어 서로 물건을 주고받았습니다. 처음에는 물건과 물건을 직접 주고받는 물물 교환을 했지요. 하지만 원하는 물건을 가진 사람을 직접 만나기 어렵고, 서로 생김새와 쓰임이 다른 물건을 주고받는 것이 까다롭기에 물물 교환은 무척 불편했습니다. 바로 그 불편함을 없애려고 제가 태어났죠. 저는 태어난 뒤 조개껍데기, 가축, 곡식, 옷감 등 다양한 모습으로 지냈는데, 여러분이 늘 먹는 소금도 한때는 돈으로 사용했습니다. 영어에서 월급을 뜻하는 단어가 Salary인데, Salary는 라틴어에서 소금을 뜻하는 Salarium에서 유래했습니다. 소금은 로마시대에 매우 귀해서 화폐로 사용했기 때문이지요."

이것이 마지막 관문의 열쇠가 소금인 이유였습니다.

"저는 사람들이 가장 좋아하는 존재입니다. 저를 싫어하는 사람은 거의 본 적이 없습니다. 가족이 더 소중하다고요? 아닙니다. 사람들은 가족보다 저를 더 좋아합니다. 가족은 소중하다고 말하면서 함부로 대하는 경우가 많기 때문입니다. 솔직히 평소에 가족의 소중함을 진심으로 느끼는 사람은 얼마 없지요. 하지만 제가 얼마나 소중한지는 늘 느끼면서 없으면 무척 답답해 합니다. 저를 얻고 싶어 나쁜 짓도 서슴없이 벌입니다. 심지어 사람을 죽이기도 하지요. 전쟁도 저 때문에 벌어지는 경우가 많습니다. 저는 가끔 그런 생각을 합니다. 저 때문에 사람이 죽고 전쟁이 일어나니 제가 사라지면 세상이 더 나아지지 않을까 하고 말이죠. 깊이 고민해 보았지만, 아무래도 제가 사라지면 인간 세상은 유지되기 힘들 듯합니다. 혼자 자연인으로 산다면 없어도 되겠지만……."

돈의 빛이 점점 희미해졌습니다.

"저는 빛이면서 어둠입니다. 저를 가지고 있으면 사람들은 행복하게 살 수 있습니다. 그러나 저 때문에 온갖 비극과 고통을 겪기도 합니다. 부디, 저를 빛의 존재로 남게 해 주시길 부탁드립니다."

돈을 감싸던 빛은 점점 사라졌고, 하늘에서 돈이 나뭇잎처럼 떨어졌습니다. 재빨리 윤지가 손을 뻗더니 그 돈을 움켜쥐었습니다.

"이거, 내 돈이지?"

3부

존재의 탐구 : 서양 철학

윤재에게는 날벼락이었습니다. 윤지가 윤미, 윤희와 함께 불쑥 사과를 내밀더니 누구에게 주겠냐고 무섭게 물었습니다.

셋은 이름에 '윤'자가 들어간다는 이유로 친해진 뒤로 몇 년째 가깝게 지내는 친구들입니다. 평소에는 그렇게 죽이 잘 맞아서 다니더니 웬일로 서로 심하게 다툰 모양입니다.

"사과가 맛없어서 나한테 버리는 거야?"

윤재가 농담을 하자 셋은 동시에 윤재를 향해 주먹을 들어 보였습니다. 더 농담을 했다가는 사과처럼 얼굴에 피멍이 들 것 같았죠.

"뭔 일인지 알아야 내가 누구에게 사과를 줄지 결정하지."

윤재는 잔뜩 날이 선 셋을 진정시키고 어찌된 일인지 사연을 들었습니다.

셋은 독서 동아리에서 활동합니다. 동아리에서 종종 토론을 하는데, 오늘은 파리스의 사과를 누구에게 줄지를 두고 토론을 벌였다고 합니다. 파리스의 사과는 그리스 신화에 나오는 이야기로, 줄거리는 이렇습니다.

바다의 여신 테티스와 인간 펠레우스의 결혼식이 성대하게 열립니다. 올림포스 신은 모두 초대받지만 불화의 여신 아리스는 초대받지 못하죠. 아리스는 뒤늦게 이 소식을 듣고 결혼식장에 나타나 황금 사과를 던지는데, 사과에는 '가장 아름다운 여신에게'란 글씨가 적혀 있습니다.

이 사과를 차지하려고 헤라, 아테네, 아프로디테가 다툼을 벌입니다. 셋 다 자신이 가장 아름다운 여신이라고 주장합니다. 제우스는 이 난처한 심판을 트로이의 왕자였지만 어쩌다 양치기가 된 청년 파리스에게 떠넘깁니다. 세 여신은 사과를 차지하려고 파리스에게 각각 다른 제안을 합니다.

헤라는 권력과 부, 아테네는 지혜, 아프로디테는 세상에서 가장 아름다운 여인과 결혼하게 해 주겠다고 제안하죠. 파리스는 고민 끝에 아프로디테에게 사과를 건넵니다. 이 사건으로 나중에 트로이 전쟁이 발발합니다.

동아리에서는 '내가 파리스라면 누구에게 사과를 건네겠는가?' 하는 주제로 토론을 벌였고, 셋은 의견이 갈렸습니다. 그러다 실제로 누가 더 예쁜지 서로 외모를 두고 감정싸움을 벌인 것입니다.

"내가 제일 예쁘지? 넌 권력 좋아하잖아?"

"뭔 소리야. 윤재는 똑똑하니까 지혜지. 너 예전에 나 예쁘다고 했어 안 했어?"

"아름다운 여신이면 미의 여신인 아프로디테지. 나한테 안 주기만 해 봐."

협박과 설득이 뒤엉키고, 토론 주제와 현실이 뒤죽박죽으로 꼬여서 윤재를 옥죄었습니다. 윤재는 제우스가 왜 파리스에게 결정권을 떠넘겨 버렸는지 납득했습니다.

이 상황에서 한 명에게 사과를 주면 그 사람은 확실히 자기편이 되겠지만, 나머지 둘은 원수가 됩니다.

손에 든 사과를 어떻게 해 버리고 싶었지만 세 쌍의 무서운 눈동자 때문에 아무런 선택도 할 수 없는 사면초가에 몰리고 말았습니다.

"사과는 말이야……, 사과는……, 그러니까 사과는……."

윤재의 더듬거림이 길어지는데, 갑자기 세상이 멈춥니다. 그러더니 주변이 점점 어두워지면서 손에 쥔 사과에서 황금빛이 나더니 두둥실 떠오릅니다. 또다시 이상한 일이 벌어진 것이죠.

"사과는 그냥 먹는 과일이 아니야. 금단의 욕망이자 불화의 상징이며, 독립의 열망이고 자연의 진리이며, 존재에 대한 의문이자 혁신의 상징이지."

사과는 한껏 자기 자랑을 늘어놓습니다.

"그게 무슨 말이야?"

윤재가 황금 사과에게 물었습니다.

"서양에서 사과는 그냥 사과가 아니야. 철학의 핵심이지. 그러니까 네가 마주한 문제는 단순히 누구에게 황금 사과를 줄 것인지 결정하는 간단한 과제가 아니야. 인간은 어떤 존재고, 옳음은 무엇이며, 선택 기준이 무엇인지 철학적으로 고민해야만 현명하게 결론을 내릴 수 있단 의미지."

"사과 하나 누구에게 주는지 결정하는 게 뭐 그리 복잡해."

"그러면 아무에게나 주고 두 사람과 원수가 되든지."

"으윽, 그건 안 되지."

"내 도움이 필요하지?"

어쩔 수 없는 선택이었습니다. 윤재는 도움을 받아들여야 했습니다.

"그러면 2500년 전 그리스에서 시작할게."

그렇게 윤재는 황금 사과한테 길고 긴 서양 철학과 관련된 설명을 들어야 했습니다.

1

고대 철학

고대 서양 철학은 크게 '자연 철학, 인간 철학, 헬레니즘 철학'으로 나뉜다. 자연 철학에서 인간 철학으로 연결하는 역할을 소피스트가 수행했고, 고대 철학에서 중세 철학으로 넘어가는 다리 역할을 신플라톤주의 철학이 담당했다.

● 자연 철학자

'자연 철학자'는 신화적 사고에서 벗어나 이성적인 방법으로 자연 현상의 근원인 '아르케'를 찾으려 했던 학자들이다. 그리스는 서양 철학의 씨앗이 자라난 곳으로, 밀레토스처럼 그리스가 점령했던 식민지 도시에서 자연 철학이 탄생했다. 식민지 도시에서 그리스인은 다양한 문화와 교류하고 수학, 천문, 지리 등 풍성한 지식을 접하면서 철학을 발전시켰다. 자연 철학자는 모든 존재의 근본이 되는 공통 근원인 '아르케'를 이성의 힘으로 찾으려고 했다. 아르케(arche)는 고

대 그리스어로 '처음, 시초, 원리, 원소, 근원'을 뜻하며, 철학에서는
만물을 구성하는 근본적인 원질이나 존재의 근본 원리를 지칭하는
개념이다. 탈레스는 물, 아낙시메네스는 공기, 피타고라스는 수(數),
엠페도클레스는 물·흙·불·공기 네 가지 원소, 데모크리토스는 원
자(atom)를 아르케로 보았다.

보이는 것에서 근원을 찾음: 물, 불, 흙, 공기
보이지 않는 것에서 근원을 찾음: 수의 질서($a^2+b^2=c^2$)
모든 것은 변한다: 헤라클레이토스 "사람은 똑같은 강물에 두 번 발을
담글 수 없다."
불변이 존재한다: 파르메니데스 "있는 것은 있고, 없는 것은 없
다.", "존재는 영원불변하고 운동과 변화는 감각
의 착각이다."

자연 철학자는 더 나은 삶을 추구하고자 좋음, 덕, 행복 같은 윤리
학 주제도 깊이 탐구했다.

● 로고스

'로고스(logos)'는 말씀, 이성이라는 뜻을 지닌 고대 그리스 철학 및
기독교 신학의 핵심 개념이다. 로고스는 우주에 질서를 부여하고 창
조하는 신적인 지혜이자 그 원리, 또는 논리적인 사고와 언어를 의미

한다. 고대 철학에서는 헤라클레이토스 등이 로고스를 우주의 생성과 변화를 지배하는 근본 원리로 보았고, 기독교에서는 하나님의 말씀이자 하나님이신 예수 그리스도를 가리키는 말로 사용한다. 아리스토텔레스는 설득의 3요소 중에서 논증과 이성에 속한 부분을 로고스로 보았고, 스토아학파에서는 만물을 움직이는 우주적 이성이자 보편적 이성을 로고스라고 했다.

● 소피스트

'소피스트'는 지혜를 가르치는 사람이란 뜻으로, 기원전 5세기경 그리스에서 시민에게 돈을 받고 변론술, 수사학, 문법 등 사회적으로 인정받는 지위에 오르는 데 필요한 지식과 기술을 가르친 사람을 지칭한다. 그들은 '인간은 만물의 척도'라고 하면서 철학의 중심을 자연에서 인간으로 바꾸었다. 또 도덕적 가치나 법률은 원래부터 객관적으로 있던 것이 아니라 인간이 약속한 것이라고 하면서 보편주의가 아니라 상대주의를 주장했다. 소피스트는 자연 철학 중심이던 그리스 철학을 인간 중심으로 바꾸었고, 상대주의와 보편주의 논쟁을 통해 그 이후에 철학이 발전하는 데 큰 디딤돌이 되었다.

● 소크라테스

'소크라테스'는 자율적인 철학과 윤리학의 창시자로 인정받는 고대 그리스의 철학자다. 소크라테스 철학의 핵심은 '너 자신을 알라'

는 격언으로 요약할 수 있는데, 인간이 자신의 무지(無知)를 인정하고, 끊임없이 질문하며 진리를 탐구해야 한다고 주장했다. 이를 위해 그는 '산파술'이라는 교육법을 사용했는데, 산파술은 끊임없이 질문하여 상대방이 스스로 무지를 깨닫도록 돕는 방법이다. 산파란 아이를 낳을 때 산모를 돕는 사람으로, 그는 산모를 돕는 산파처럼 타인이 철학적 깨달음을 얻도록 돕는 산파로 자신을 자리매김했다. 올바른 지식은 외부가 아닌 자기 내면에서 찾아야 하며, 내면의 소리에 귀를 기울이면 진리에 도달할 수 있다는 믿음에 기초한 교육법이 산파술이다. 소크라테스는 나쁜 행위는 선악에 대한 무지에서 비롯된다 보고, 옳은 것을 알면 옳은 행동을 한다고 주장했다. 그는 물질적인 부나 명예보다 영혼의 탁월함을 나타내는 '덕(德)'을 추구하는 삶이 더 중요하다고 강조했다.

● 플라톤

'플라톤'은 소크라테스의 제자로 이데아론과 철인 정치를 주창하고 아카데미아를 설립한 철학자다. 플라톤의 이데아론은 서양 철학의 형이상학과 인식론의 기초를 놓았고, 국가론은 정치 철학의 중요한 출발점이 되었다. 플라톤 철학의 핵심은 '이데아론'이다. 플라톤은 '현상계'와 '이데아'라는 이원론[1]을 주장했는데, 인간이 감각을 통

---

1 이원론과 일원론: 세계나 존재를 이해하는 방식에 대한 철학의 기본 원리다. '이원론'은 근원이 되는 실체가 둘, '일원론'은 근원이 되는 실체가 하나라고 주장한다. 이원론에는 정신과 육체가 근본적으로 다른 실

해 경험하는 '현상계'는 불완전하고 끊임없이 변화하지만, '이데아'는 영원불변하며 완전한 실재의 세계라고 했다. 플라톤의 이데아론은 보이지 않는 것에서 수(數)라는 질서를 찾은 피타고라스학파의 주장과 존재는 영원불변하고 운동과 변화는 감각의 착각이라고 한 파르메니데스의 주장을 발전시킨 것이다.

플라톤에 따르면 '현상계'에 사는 인간이 보고 듣고 만지는 모든 것은 이데아의 불완전한 모방이거나 그림자일 뿐이다. '이데아'는 감각으로는 파악할 수 없으며 오직 이성적 사유로만 도달할 수 있는 초월적인 세계에 존재한다. 이데아는 모든 현상계에 나타나는 사물의 원형이자 본질이다. 이데아와 현상계를 비유적으로 설명한 것이 '동굴의 비유'[2]다.

플라톤은 인간의 영혼을 이성(로고스), 기개, 욕구로 나누었다. '이성'은 지혜를 추구하고 이데아를 인식하는 부분으로 머리에 해당하며 철학자가 주로 사용한다. '기개'는 용기와 명예를 추구하는 부분으로 가슴에 해당하며 전사(수호자)가 주로 사용한다. '욕구'는 식욕, 성욕 등 육체적 쾌락과 물질적 욕구를 추구하는 부분으로 배에 해당

체라고 주장하는 정신-신체 이원론, 도덕적 가치를 선과 악의 대립으로 파악하는 선악 이원론, 현실과 이데아로 나누어 세계를 파악하는 현실-이데아 이원론 등이 있다. 일원론에는 세계의 근원이 물질이라는 유물론, 세계는 궁극적으로 정신과 의식 등으로 되어 있다는 유심론, 질료와 형상이 결합되어 존재로 나타난다는 아리스토텔레스의 질료-형상 결합론 등이 있다.

2 동굴의 비유: 인간이 동굴 속에 쇠사슬로 묶여 있는데 바깥에서 들어온 빛 때문에 그림자가 벽에 비친다. 인간은 밖을 볼 수 없고 오직 그림자만 볼 수 있다. 플라톤에 따르면 이 그림자는 인간이 경험하는 현상이고, 빛의 세계인 동굴 밖은 이데아다.

하며 생산자(농민, 장인)가 주로 사용한다. 플라톤은 이성이 나머지 두 부분을 지배할 때 가장 조화롭고 덕 있는 삶을 살 수 있다고 보았다.

플라톤은 인간 영혼을 세 부분으로 나누었듯이 국가도 세 계층으로 구성되어야 한다고 주장했다. 철인왕(철학자 왕)은 이성이 지배하는 영혼을 가진 자로, 지혜를 갖추고 이데아를 인식할 수 있는 사람이기에 국가를 통치해야 한다고 보았다. 수호자는 기개가 지배하는 영혼을 가졌기에 용기를 바탕으로 국가를 방어하며, 생산자는 욕구가 지배하는 영혼을 가졌으니 물질을 생산하고 국가 경제를 책임지는 역할을 한다. 플라톤은 각 계층이 자기 역할에 충실하고 조화를 이룰 때 정의로운 국가가 실현될 수 있다고 믿었다. 따라서 플라톤은 민주주의에 비판적이었으며, 이성적이고 지혜로운 소수가 통치하는 체제를 올바르다고 생각했다.

플라톤은 이데아론을 근거로 예술을 비판적으로 대했다. 예술은 이데아의 그림자인 현상계를 다시 모방하므로 진리에서 세 번 멀어지기에 예술의 한계가 분명하다고 생각했다. 심지어 시인을 추방해야 한다는 과격한 주장을 펼치기도 했다.

● 아리스토텔레스

'아리스토텔레스'는 플라톤의 제자이지만 플라톤과는 전혀 다른 철학을 펼쳤다. 논리학, 형이상학, 자연학, 윤리학, 정치학, 시학 등 거의 모든 학문 분야를 연구하여 서양 철학사에 큰 영향을 끼친 철학자다.

플라톤은 진정한 실재는 이데아에 있다고 했지만, 아리스토텔레스는 진정한 실재는 우리가 감각으로 경험하는 개별적인 사물 자체에 속해 있다고 보았다. 아리스토텔레스는 사물을 질료와 형상의 결합으로 여겼는데, 질료는 어떤 사물이 될 수 있는 잠재력(가능태)이며, 형상은 질료를 사물로 완성하는 본질(현실태)로 정의했다. 그는 본질은 개별 사물을 떠나서는 존재할 수 없으며, 질료와 형상이 결합하여 구체적인 실체가 된다고 생각했다.

플라톤은 이성의 힘으로 이데아를 봄으로써 참된 지식을 얻는다고 했으나, 아리스토텔레스는 지식은 감각 경험에서 출발해서 이성적 추론으로 얻어진다고 했다. 즉, 인간이 감각하는 개별 사물을 관찰하고 분류한 뒤 이성적으로 추론하여 보편적인 지식을 파악한다는 것이다.

플라톤은 영혼이란 육체와 독립적으로 존재하는 불멸의 실체이기에 육체를 떠나 이데아의 세계로 갈 수 있다고 주장했다. 반면에 아리스토텔레스는 영혼이란 생명체의 본질적인 기능이자 생명 활동의 원리이기에 영혼이 육체 없이는 존재할 수 없다고 했다. 아리스토텔레스는 영혼을 세 가지 수준으로 나누었는데 식물, 동물, 인간 모두에게 있는 '영양 영혼'은 생명 활동에 필요한 기능을 하고, 동물과 인간에게만 있는 '감각 영혼'은 운동과 욕구의 기능을 하며, 오직 인간에게만 있는 '이성 영혼'은 사고와 추론을 통한 지식 습득의 기능을 한다고 주장했다.

플라톤은 이성으로 선의 이데아를 인식하고 그에 맞추어 살아야 한다고 보았다. 아리스토텔레스는 인간의 궁극적인 목적은 '행복'이며 행복은 이성적 활동의 탁월성인 덕을 실현하는 삶에서 오고, 덕은 중용을 지키는 데서 이룰 수 있다고 보았다. 중용은 아리스토텔레스 윤리학의 핵심으로 지나침과 모자람 사이, 중간을 지향한다. 용기는 만용과 비겁함의 중간이며, 절제는 방종과 무감각함의 중간이다.

플라톤은 이데아론을 바탕으로 철인이라는 엘리트가 정치를 책임져야 한다는 이상 국가론을 제시했지만, 아리스토텔레스는 현실적으로 가능한 중산층 중심의 공화정을 지향해야 한다고 주장했다. 아리스토텔레스는 인간은 정치적 동물이며, 국가는 시민들이 행복한 삶을 살도록 도아야 한다고 했다.

아리스토텔레스는 서양 논리학의 창시자라고 불릴 정도로 논리학 발전에 크게 기여했다. 그의 삼단논법은 보편적인 진리에서 필연적으로 참인 진리를 끌어내는 추론 방식의 기본 틀이다. 아리스토텔레스는 논리적인 추론뿐만 아니라 경험과 관찰로 개별 사물을 탐구하여 진리를 밝히는 태도를 강조해서 서양의 과학적 연구 방법을 형성하는 데 영향을 끼쳤다.

플라톤은 시인을 추방해야 한다고 주장했지만, 아리스토텔레스는 '시학(poetics)'을 지어 문학 비평과 미학의 원리를 정립했다. 플라톤이 모방을 비판적으로만 보았다면 아리스토텔레스는 모방을 인간의 자연스러운 행위이자 학습의 중요한 수단으로 평가했다. 아리스토텔레스는 비극을 깊이 탐구하면서 비극을 이루는 요소를 제시한다. 특히 카타르시스(정화)로 감정적인 균형과 정서적 고양을 맛본다는 이론을 제시했다. 아리스토텔레스의 '시학'은 문학의 가치를 높이고, 문학 평론의 길을 열었다는 점에서 높은 평가를 받는다.

● 헬레니즘 철학

'헬레니즘 철학'은 알렉산드로스 대왕의 동방 원정으로 합리적인 그리스 문화와 신비주의적인 오리엔트 문화가 결합하면서 형성된 헬레니즘시대에 전개된 철학이다. 활발하게 문화를 교류하면서 자기가 살던 도시를 바탕으로 하던 고립된 사고방식에서 벗어나 세계를 하나의 공동체로 보는 보편적인 세계관이 형성되었다. 또 폴리스(도시국가)가 해체되고 사람들이 개인 삶에 집중하게 되면서 개인 행복과 내면의 평화를 추구하는 사고방식이 널리 퍼졌다. 금욕으로 평정심을 지향하는 스토아학파와 쾌락으로 평온함을 추구한 에피쿠로스학파가 헬레니즘 철학을 대표한다.

● 스토아학파

'스토아학파'는 헬레니즘 철학의 중요한 학파로서 이성(로고스)으로 감정을 통제하고 내면의 평온(apatheia)을 추구하는 것을 핵심으로 하는 철학이다. 스토아학파는 우주를 지배하는 보편적인 이성인 로고스(logos)가 존재하고 인간 내면에도 로고스가 존재한다고 보았다. 이성에 따라 사는 것은 우주 원리이자 자연 질서인 로고스에 따르는 삶이므로 올바를 수밖에 없다. 그래서 스토아학파는 긍정적(환희, 열정, 즐거움 등)이든 부정적(분노, 슬픔, 우울 등)이든 모든 감정을 악으로 규정하고, 이성으로 감정을 통제해서 마음의 평화를 얻는 것을 지향했다. 덕(德)은 유일한 선으로 재산, 명예, 건강, 권력 등 그 어떤 것도 덕에 미치지 못하며, 진정한 행복은 덕을 따르는 삶에서 온다고 생각했다.

● 에피쿠로스학파

'에피쿠로스학파'는 헬레니즘 철학의 중요한 학파로서 고통과 불안이 없는 진정한 쾌락을 추구하여 마음의 평화를 얻는 것을 핵심으로 하는 철학이다. 에피쿠로스학파에서 말하는 쾌락은 감각적이고 육체적인 쾌락이 아니라 마음의 평온과 고통 없는 상태를 의미한다. 그들은 신이나 죽음에 대한 두려움을 고통과 불안의 근원으로 보았다. 에피쿠로스학파는 세상의 근원은 원자이며, 우주는 모두 원자로 구성되어 있다는 유물론을 믿었다. '삶이 있으면 죽음은 없고, 죽음이 있을 때 삶은 없다'고 하면서 죽음을 두려워할 필요가 없다고 강조했다. 또 신은 인간사에 전혀 개입하지 않는다고 하면서 신과 죽음을 두려워할 이유가 없다고 주장한다. 에피쿠로스학파는 쾌락을 얻는 데 지혜와 절제가 필요하다고 강조했는데, 일시적인 쾌락을 뒤좇다 보면 더 큰 고통이 따를 수 있어 불필요한 욕망을 줄이고 현명하게 즐거움을 추구해야 한다고 보았다.

● 신플라톤주의

'신플라톤주의'는 플라톤의 이데아론을 발전시켜 존재의 근원을 탐색한 철학으로, 고대 그리스 철학과 중세 철학을 연결하는 다리 역할을 했다. 신플라톤주의는 모든 존재의 근원을 '일자(the one)'라는 절대적이고 초월적인 원리에서 찾았다. '일자'는 플라톤의 이데아 개념이 일신론[3] 종교와 연결되어 발전한 개념으로, 일자는 어떤 규정도 초월하며 그 자체로 완전하다. 일자의 완전함이 흘러넘치는 것을 '유출'이라고 하는데 유출을 통해 세계가 창조된다. 먼저 유출로 플라톤의 이데아에 해당하는 '누스'가 탄생하고, 누스에서 유출된 영혼으로 이루어진 '세계혼'이 탄생하고, 마지막 유출물이 모여 가장 낮은 단계인 '물질'을 만든다. 세상은 모두 일자에서 나왔기에 모든 존재는 다시 일자로 돌아가려고 하는 성향이 있다. 따라서 신플라톤주의에 따르면 인간은 물질적인 욕망을 극복하고 일자와 하나가 되는 것을 목표로 살아야 한다. 종교적인 색채가 강했기에 신플라톤주의는 중세의 기독교 신학에 큰 영향을 끼쳤다.

---

3 일신론과 다신론: 일신론은 오직 하나의 신만 존재한다고 믿는 종교다. 일신론에서는 하나뿐인 신이 우주를 창조하고, 모든 것을 다스리는 유일하고 전능한 존재라고 믿는다. 다신론은 둘 이상의 신이 존재한다고 믿는 종교다. 다신론에서 신은 전쟁, 사랑, 날씨처럼 저마다 다른 역할과 능력을 지닌다.

2

중세 철학과 르네상스

중세 서양 철학은 플라톤 철학의 영향을 받은 '교부 철학'과 아리스토텔레스의 영향을 받은 '스콜라 철학'으로 나뉜다. 교부 철학은 탁월한 교부[4]들이 발전시켰으며, 스콜라 철학은 수도원과 학교를 중심으로 발전했다. 중세 철학은 르네상스를 거치며 근대 철학으로 이어진다.

● 교부 철학

'교부 철학'은 초기 기독교 교부들이 기독교 신앙을 체계화하려고 전개한 철학이다. 초기 기독교는 로마 제국의 박해를 받고 다양한 사상으로 혼란을 겪고 있었기에 이를 극복하고자 교부들은 기독교 교

---

4 교부(敎父): 교회의 아버지란 말로, 2세기 이후 기독교 신학의 주춧돌을 놓은 신학자를 일컫는다. 이 신학자들이 기독교 신학에 큰 공을 세웠기에 존경하는 의미로 교부라고 부른다.

리[5]를 다듬으려고 노력했다. 교부들은 그리스 철학 중 플라톤의 개념과 논리를 받아들여 이성으로 신앙의 합리성을 증명하고자 했다. 교부 철학은 모든 지식과 존재의 근원을 신에게서 찾으며, 인간의 이성은 신의 계시[6]로만 온전히 진리를 파악할 수 있다고 보았다.

● 아우구스티누스

‘아우구스티누스’는 교부 철학의 대표적인 철학자로 플라톤 철학에 기독교 신앙을 융합했다. 아우구스티누스는 인간의 힘만으로 이데아를 온전히 인식할 수 없으며, 조명이 어둠에서 사물을 비추듯이 신이 인간 이성에 빛을 비출 때 비로소 이데아를 깨달을 수 있다는 ‘조명설’을 주장했다. 그에게 신은 진리의 근원일 뿐 아니라 세상을 창조한 완전한 존재다. 따라서 신이 창조한 세계는 본디 선하지만, 선이 부족하거나 결핍되면 악이 된다고 보았다. 아우구스티누스는 세상을 두 도시로 나누었는데 하나는 인간이 자기 욕망대로 사는 ‘지상의 도시’고, 다른 하나는 신의 사랑으로 만든 ‘하늘의 도시’다. 역사는 두 도시가 끊임없이 갈등하다 결국에는 하늘의 도시가 승리한다고 생각했다.

---

5 교리: 종교의 이치나 원리를 뜻한다.
6 계시: 신이 사람에게 알려 주는 메시지다.

● 스콜라 철학

'스콜라 철학'은 아리스토텔레스 철학을 바탕으로 기독교 신앙을 발전시킨 철학이다. 수도원과 대학을 중심으로 발전한 철학이기에 이름에 '학교(schola)'라는 말이 붙었다. 스콜라 철학은 이성과 신앙의 조화를 추구하며, 인간 이성으로 기독교 신앙을 논리적으로 설명하고자 했다. 이를 위해 플라톤이 아니라 아리스토텔레스의 논리학과 형이상학을 적극적으로 활용했다. 아리스토텔레스의 논리학을 받아들여 철저한 논리와 엄격한 논증을 중요시했기에 논리적인 학문 연구 문화가 확립되었는데, 이는 르네상스와 근대 철학의 발전에 단단한 토대가 되었다.

● 토마스 아퀴나스

'토마스 아퀴나스'는 스콜라 철학을 대표하는 철학자다. 아퀴나스는 기독교 신앙과 아리스토텔레스 철학의 조화를 지향했다. 그는 이성과 신앙은 서로 보완하는 관계로 여겼으며, 이성으로 신앙의 핵심 원리를 이해할 수 있다고 생각했다. 이런 관점을 바탕으로 그는 경험 세계를 활용하여 신의 존재를 증명하는 여러 방법을 제시했다. 또 인간을 영혼과 육체가 결합한 하나의 실체로 정의했으며, 자연법[7]에 따라 선을 추구하고 악을 피해야 한다는 윤리적 원칙을 제시했다.

---

7 자연법: 신이 자연 안에 심어 둔 영원불변의 법. 어떤 국가나 사회의 법률이 아니라 신의 섭리에 따른 법이기에 그 어떤 상황에서도 반드시 지켜야 한다.

● 르네상스

'르네상스'는 14세기부터 16세기까지 유럽에서 일어난 문화 혁신 운동이다. 르네상스는 '다시 태어난다'는 의미로 중세의 신 중심적 세계관에서 벗어나 인간의 가치와 가능성에 초점을 맞추며, 고대 그리스와 로마 문화를 부흥시킨 운동이다. 르네상스는 이탈리아에서 시작하여 유럽 전역으로 번지며 예술, 문학, 과학 등 다양한 분야에서 큰 변화를 일으켰다.

● 인문주의

'인문주의'는 르네상스시대를 이끈 핵심 사상으로 인간의 존엄성과 잠재력을 중시한 사상이다. 인문주의는 인간 존엄성을 회복하고, 죽은 뒤가 아니라 현세의 삶을 우선하며, 고대 그리스와 로마의 학문을 연구하여 인간성을 회복하려고 했다. 인문주의자는 인간 삶에 직접 연관된 철학, 문학, 역사 등 '인문학'을 강조하며, 개인의 자유와 창의성을 존중하고 인간 스스로 운명을 개척할 수 있다는 믿음을 퍼뜨렸다. 이런 인문주의 사상의 영향으로 르네상스시대에 과학과 예술이 크게 발전했고, 근대 서구 사회의 개인주의와 합리주의 사상이 형성되었다.

3

근대 철학

근대 철학은 '이성' 중심의 계몽주의 철학과 '감정, 충동' 중심의 비계몽주의 철학으로 나뉜다. 르네상스를 지나면서 서양 철학은 계몽주의가 주도한다. '계몽주의'는 이성으로 인간을 무지에서 벗어나게 하고 사회와 개인의 발전이 목표인 사상이다. 뉴턴의 만유인력을 비롯한 과학 발전에 영향을 받아 당시 철학자들은 인간의 이성을 굳게 믿었고, 개인의 자유와 평등을 강조하며 민주주의 사상을 발전시켰다.

● 프랜시스 베이컨

'프랜시스 베이컨'은 경험주의 철학을 창시한 철학자다. 아리스토텔레스의 연역법을 비판하고 자연을 관찰하고 실험하면서 과학적 진실을 차근차근 구축해야 한다는 귀납법을 제시했다. 베이컨은 올바르게 과학적 탐구를 하려면 네 가지 우상(오류와 편견)을 극복해야 한다고 주장했다.

· 종족의 우상: 자기 감각을 지나치게 신뢰하는 등 인간 본성에서 비롯되는 오류

· 동굴의 우상: 동굴에 갇힌 듯 개인의 경험이나 습관 등에서 비롯되는 편견

· 시장의 우상: 말과 개념이 부정확해서 소통이 제대로 되지 않아 생기는 오류

· 극장의 우상: 마치 극장의 연극처럼 권위 있는 인물이나 전통을 무조건 따르면서 생기는 오류

베이컨은 이런 우상을 극복하고 귀납법을 이용하여 자연을 객관적으로 관찰하고 실험해야만 진정한 지식을 얻을 수 있다고 보았다. 베이컨은 '아는 것이 힘'이라고 하면서 지식의 중요성을 강조했다.

● 데카르트

'르네 데카르트'는 17세기 프랑스의 철학자, 수학자, 과학자로 근대 철학의 아버지로 부른다. 데카르트는 기존의 모든 지식을 의심하는 데서 철학을 시작했다. 그는 모든 것을 의심하는 '방법적 회의'를 통해 끝없는 의심을 이어 가다 의심하는 행위 자체는 의심할 수 없다는 것을 깨달았다. 즉, '내가 의심하고 있다'는 사실은 명확하므로 '생각하는 나'는 반드시 존재한다는 결론에 이른다. 그래서 "나는 생각한다, 고로 나는 존재한다(Cogito, ergo sum)."라고 선언했다. 이 명

제가 바로 서양 근대 철학의 출발점이다.

데카르트는 경험이 아니라 이성으로 진정한 지식을 얻을 수 있다고 강조했다. 그는 수학적 원리처럼 명확하고 확실한 진리는 연역적 추론으로 탐구해야 한다 역설했고, 이 철학적 방법이 합리론의 토대가 되었다. 또 데카르트는 인간을 영혼(정신)과 육체(물질)라는 독립된 두 실체로 보는 '심신 이원론'을 주장했다. 영혼은 사고하는 비물질적 존재이며, 육체는 공간을 차지하는 물질적 존재라는 것이다.

'프랜시스 베이컨'과 '르네 데카르트'는 근대 서양 철학의 문을 연 인물로 새로운 철학적 방법론을 제시했다. 베이컨은 경험과 실험을, 데카르트는 이성을 철학적 방법론으로 삼았는데 이들의 철학은 이후 경험론과 합리론이라는 서양 철학의 큰 흐름을 형성한다.

● 스피노자

'스피노자'는 데카르트의 합리론을 계승한 철학자로, 신과 자연이 하나라는 독창적인 철학을 확립했다. 스피노자는 신(god)과 자연(nature)이 둘이 아니라 하나, 즉 신이 곧 자연이라고 주장했다. 스피노자에 따르면 신은 자연을 벗어나 존재하는 인격신이 아니라 세상 그 자체이며 만물에 내재하는 유일하고 무한한 실체다. 그 실체는 스스로 존재하며, 모든 것의 원인이자 세상 모든 것이다. 따라서 물질적 세계와 정신적 세계는 서로 다른 것이 아니라 유일한 실체인 신의 다른 속성일 뿐이다. 스피노자는 자연의 모든 것이 필연적인 원인으로 결정되므로 인간의 자유는 자연 법칙을 이해하고 거기에 따르며 감정을 통제함으로써 실현된다고 보았다.

● 홉스

'토머스 홉스'는 사회 계약론의 토대를 마련한 17세기 영국의 철학자다. 홉스는 아무런 통제 장치가 없는 '자연 상태'의 인간은 이기심에 따라 자신의 생존과 이익을 위해 끝없이 경쟁하고 싸운다고 보았다. 따라서 자연 상태에서 인간은 '만인에 대한 만인의 투쟁'을 벌이며, 외롭고 힘들고 고통스럽게 살아간다. 비참한 자연 상태에서 벗어나려고 사람들은 자발적으로 계약을 맺고 자신의 권리를 절대자에게 양도하는 계약을 맺었다. 사회 계약은 각 개인이 생명과 안전을 보장받으려고 합리적으로 선택한 것이며, 이로써 국가가 탄생했다는 것이 홉스의 '사회 계약론'이다.

홉스는 사회 계약으로 탄생한 국가를 바다 괴물인 '리바이어던'에 비유했다. 리바이어던(국가)은 개인이 넘겨준 권리를 하나로 통합하여 강력한 힘이 되었으며 그 힘으로 혼란을 막고 평화와 질서를 지킨다. 홉스의 사회 계약론은 '개인이 사회의 기초'가 된다는 개인주의를 강조하고, 국가는 '개인의 안전을 지키는 도구'라고 규정했다는 점에서 근대 정치 철학의 출발점으로 평가받는다.

● 로크

  '존 로크'는 경험주의와 사회 계약론을 발전시켜 근대 민주주의 사상의 토대를 마련한 17세기 영국의 철학자다. 로크에 따르면 인간은 태어날 때 선하지도 악하지도 않은 백지 상태이며, 모든 지식은 오감과 내적인 성찰이라는 후천적인 경험으로 형성된다고 한다. 그는 모든 인간은 자연 상태에서 생명, 자유, 재산이라는 세 가지의 양도 불가능한 권리인 '자연권'을 지닌 채 태어난다고 주장했다.

  홉스가 자연 상태를 '만인에 대한 만인의 투쟁'으로 보았다면, 로크는 자연 상태를 '이성의 지배'를 받는 평화로운 상태로 보았다. 로크는 개인의 자연권을 더 안전하고 명확하게 보장받고자 사람들이 서로 계약을 맺고 국가를 이루었다고 판단했다. 더욱 명확하게 안전을 보장받으려고 계약을 맺었으므로 사람은 자신의 권리를 모두 국가에 넘긴 것이 아니라 범죄자를 처벌하는 것처럼 일부 권리만 넘긴 것이다.

  따라서 정부는 개인의 생명, 자유, 재산권을 보호하는 역할만 해야 하며, 정부가 이 역할을 제대로 하지 못하거나 국민의 자연권을 침해한다면 국민은 '저항권'을 가진다는 것이다. 로크의 사상은 민주주의의 이론적 기반으로 미국 독립 선언문과 프랑스 인권 선언에 영향을 끼쳤다.

● 루소

'장 자크 루소'는 사회 계약론과 자연주의 교육론을 주장한 18세기 프랑스의 철학자다. 홉스, 로크와 마찬가지로 루소도 사회가 계약을 맺어 성립되었다고 보았다. 그러나 루소는 개인이 자기 권리를 주권자에게 넘겨준 것 아니라 모든 구성원이 직접 참여하여 '일반 의지'를 형성해서 국가를 만들었다고 생각했다. '일반 의지'는 단순한 다수결이 아니라 공동체의 유지와 발전을 추구하는 구성원 전체의 진정한 의지다.

루소의 '일반 의지' 개념은 개인의 자유와 평등을 최우선으로 삼는 민주주의 사상의 핵심이 되었고, 이후 프랑스 혁명(1789년)의 사상적 기반이 되었다. 또 루소는 사유 재산이 인간의 자유와 평등을 위협하며, 문명이 인간을 불행하게 한다 보고 '자연으로 돌아가라'고 하면서 자연 상태의 인간이 되어야 제대로 된 순수를 되찾고 행복해질 수 있다고 강조했다. 인간이 순수한 존재로 되돌아가려면 아이들을 자연의 원리에 따라 가르쳐야 한다는 자연주의 교육론을 펼쳤는데, 이는 근대 교육 사상에 큰 영향을 끼쳤다.

● 몽테스키외

'몽테스키외'는 왕권신수설을 비판하고 삼권분립을 주장한 18세기 프랑스 계몽주의 철학자다. '왕권신수설'은 왕의 권한은 신에게서 받은 것이라는 이론인데 전제 군주제를 뒷받침하는 이론이다. 몽테스키외는 왕권신수설을 비판하고 국가 권력은 법을 만드는 입법권, 법을 집행하는 행정권, 법의 위반 여부를 판단하고 분쟁을 해결하는 사법권으로 나누어 서로 견제와 균형을 이루도록 해야 한다고 주장했다. 몽테스키외의 삼권분립 이론은 민주주의 정치 체제를 형성하는 데 크게 기여했다.

● 칸트

'임마누엘 칸트'는 합리론과 경험론이라는 철학의 두 흐름을 통합하고, 인간의 존엄성을 근본적인 가치로 확립한 철학자다. 칸트 이전에는 합리론과 경험론이 대립하고 있었다. 칸트는 이 둘 모두의 한계를 지적하며 이를 통합했다. 그는 인간 이성에는 경험에 앞서 태어날 때부터 갖춘 '선험적'인 틀이 이미 있다고 생각했다. 즉, 인간은 외부 대상을 그냥 수동적으로 받아들이는 것이 아니라, 이미 갖추어진 어떤 틀 속에서 능동적으로 받아들인다는 것이다. 따라서 인간은 세상을 있는 그대로 알 수 없으며, 이미 형성된 인식의 틀을 거쳐서 파악한다.

칸트의 윤리 철학은 행동의 결과가 아니라 동기와 의지에서 찾는 '의무론'이다. 칸트는 어떤 행위가 아무리 좋은 결과를 낳더라도 그 동기가 올바르지 않으면 도덕적으로 옳다고 보지 않았다. 그는 도덕적으로 행동하려는 '선한 의지'가 있어야만 옳은 행동이라고 보았다. 선한 의지는 보상이나 처벌이 아니라 오직 '도덕 법칙'에 대한 존

중으로 움직인다. 칸트는 보편적인 도덕 법칙을 '정언 명령'이라고
불렀다. 정언 명령에는 두 가지 주요 원리가 있다.

첫째 원리는 "네 의지의 준칙이 항상 동시에 보편적 입법의 원리
가 되도록 행위하라."라는 것이다. 이는 내가 하는 행동을 모든 사람
이 따라 해도 괜찮은지 늘 따져 보며 행동하라는 것이다. 둘째 원리
는 "사람을 수단으로 대하지 말고 항상 목적으로 대하라."라는 것이
다. 인간은 이성을 지닌 귀한 존재이므로 아무도 자기 이익을 얻는
수단으로 타인을 이용해서는 안 된다는 것이다.

● 피히테

'요한 고틀리프 피히테'는 칸트 철학을 계승한 독일 철학자로, 자
아와 비아의 투쟁이라는 변증법을 이용하여 세상의 변화와 형성을
탐구했다. 피히테는 모든 존재와 지식은 '자아'의 활동에서 비롯된다
고 주장했다. 자아가 자신을 인식하는 과정에서 '비아'를 설정하는
데, 비아는 자아와 구별되는 외부 세계인 사물이나 타인이다. 피히테
에 따르면 자아는 비아와 대립하고 투쟁하면서 자신의 본성을 실현
하고, 그 과정에서 현실 세계가 형성된다.

● 공리주의

'공리주의'는 결과를 근거로 행위의 도덕적 옳고 그름을 판단하
는 윤리 철학이다. 칸트가 선한 의지와 동기를 중요시했다면 공리주

의는 행위의 결과를 중요하게 여겼다. 어떤 행위가 더 많은 사람에게 더욱 큰 행복(효용)을 준다면 그 행위는 도덕적으로 옳다는 것이다. 따라서 공리주의는 효용을 극대화하는 것이 목표다. 한 사회의 효용을 극대화하려면 '최대 다수의 최대 행복'이 이루어져야 한다. 그래서 소수의 희생으로 다수의 행복이 커진다면 그 희생은 정당화된다.

'제러미 벤담'은 공리주의의 창시자로 쾌락과 고통을 양적으로 계산할 수 있다고 보았다. '존 스튜어트 밀'은 벤담이 쾌락의 양적인 면만 보았다면서 '질적인 쾌락'을 강조했다. 밀은 "배부른 돼지보다 배고픈 인간이 낫고, 만족한 바보보다 불만족한 소크라테스가 낫다."라고 하면서 쾌락을 질적으로 구분해야 한다고 강조했다. 공리주의는 사회적으로 어떤 정책을 펼칠 때 무척 유용한 기준이 되지만, 소수의 희생을 정당화한다는 점에서 한계가 분명하다.

4

19세기 철학

19세기 초, 헤겔은 보편적인 이성을 바탕으로 한 강력한 철학 체계를 세우며 계몽주의와 독일 관념론의 정점을 찍었다. 그러나 이성으로 모든 것을 해결할 수 있다는 철학에 대한 반발로 인간의 감정, 문화적 전통, 특수한 가치 등을 주장하는 철학이 등장했다. 또 현실과 동떨어진 관념론을 비판하며 경험과 관찰을 강조하는 경향이 생겨났고, 관념론의 반대인 유물론을 바탕으로 역사 발전을 설명하는 이론도 탄생했다.

● 헤겔

'헤겔'은 변증법을 정립하고, 역사를 절대정신의 자기실현 과정이라고 정의하며 독일 관념론[8]의 정점을 이룬 철학자다. 헤겔은 세상

---

8   관념론: 정신이 물질보다 근원이며, 궁극적인 실체라고 주장하는 철학이다. 관념론에서는 세상의 본질은 정신이며 물질 세계는 정신적인 실체로 만들어지거나 의존한다고 주장한다(⇔유물론).

의 모든 사상과 존재는 '정-반-합'의 단계를 거쳐 발전한다고 하면서 변증법을 사물의 운동과 사유의 발전을 파악하는 근본적인 원리로 제시했다(1부에서 논리학 변증법을 설명한 부분 참고). 그는 변증법의 궁극적인 목표는 '절대정신'이 자신을 완전히 실현하는 것이라고 주장했다. 절대정신은 인류의 역사와 문화를 포괄하는 거대한 정신적 실체다. 절대정신은 자신을 완전히 인식하기 위해 세 단계에 거쳐서 자신을 인식한다. 1단계는 개인 내면에서 발전하는 '주관 정신'이고, 2단계는 법과 도덕 같은 사회 제도로 표현되는 '객관 정신'이다. 3단계는 완벽하게 자기를 인식하는 '절대정신'인데 예술, 종교, 철학이라는 세 가지 형태를 거치며 발전한다. 헤겔은 철학이야말로 절대정신의 최고 형태이며 정신이 자기 자신을 완전히 이해하는 최종 단계로 보았다.

● 밀

'존 스튜어트 밀'은 『자유론』을 통해 자유주의 원리를 확립하고 '질적 공리주의'를 주장한 영국의 철학자다. '밀'은 자유주의의 핵심 원리로 '해악의 원칙'을 제시했다. 이 원칙에 따르면, 사회나 국가는 개인의 행동이 타인에게 명확한 해악을 끼칠 때만 그것을 방지하려고 개인의 자유에 개입할 수 있다. 따라서 자기 자신에게만 영향을 미치는 일은 그 어떤 간섭도 받지 않을 자유가 있다. '밀'은 자유주의를 실현하려면 '사상과 토론의 자유'[9]를 반드시 보장해야 한다고 강조했다. 어떤 의견이라도 진리의 일부가 담겨 있을 수 있고, 설령 올바르지 않더라도 활발하게 토론하여 기존 진리를 더욱 발전시킬 수 있기 때문이다. 또 개성을 존중하고 자유로운 표현을 보장해야 개인이 더 행복해지고 사회가 획일화되지 않기 때문이다.

● 마르크스

'칼 마르크스'는 유물론을 바탕으로 역사 발전의 단계를 제시하고 자본주의를 비판한 철학자다. 마르크스는 역사를 이끄는 근본적인 힘은 관념이 아니라 물질적 조건과 경제적 구조에 있다고 보았다. 그는 법, 정치, 문화 등을 상부 구조라 하고, 경제적 구조를 토대라고 하면서 토대가 상부 구조를 결정한다고 강조했다. 또 역사는 두 계급 사이의 변증법적인 투쟁으로 발전해 왔으며, 자본주의 사회는 부르주아지와 프롤레타리아트라는 두 계급의 대립이 핵심이라고 보았다. 마르크스는 상품 가치가 노동으로 결정된다는 '노동 가치론'을 바탕으로 자본주의를 분석했다. 그에 따르면 자본가는 노동자가 만들어 낸 가치 중에서 일부만 임금으로 지급하고 나머지인 '잉여 가치'를 착취함으로써 이윤을 얻는다고 한다. 이런 자본주의 생산 방식으로

---

9 사상과 토론의 자유: "만일 인류 전체에서 단 한 사람만 제외한 모든 사람이 동일한 의견이고, 그 한 사람만 반대 의견이라고 해도 인류에게는 그 한 사람에게 침묵을 강요할 권리가 없다. 이는 그 한 사람이 강력한 권력자가 되어 인류 전체에 침묵을 강요하는 것이 정당하지 않은 이유와 동일하다."
   – 『자유론』에서 인용

노동자는 생산물에서 소외되고 노동 과정에서도 소외되며, 결국에는 인간성에서 멀어진다는 것이다. 마르크스는 자본주의의 모순과 착취가 심해지면 결국에 프롤레타리아 혁명이 일어나 사회가 역사의 최종 단계인 공산주의로 넘어갈 것이라고 예언했다. 공산주의 사회는 생산 수단을 공동으로 소유하며, 계급이 사라지고 인간 소외가 없는 이상적인 사회다.

● 콩트

'오귀스트 콩트'는 실증주의를 바탕으로 사회학을 창시한 프랑스의 철학자다. '실증주의'는 관찰이 가능한 사실에 근거한 과학적 지식만 진정한 지식이라는 견해다. 콩트는 신학이나 형이상학처럼 현실과 동떨어진 철학을 비판하며 인류의 지적인 발달이 신학적 단계, 형이상학적 단계를 거쳐 마지막으로는 실증적 단계로 나아간다는 '3단계 법칙'을 제시했다. 콩트는 과학적 방법을 사회에 적용하여 사회에서 작동하는 법칙을 발견할 수 있다 보고, 사회를 과학적으로 연구하는 학문인 '사회학'을 창시했다. 그는 사회학 연구를 통해 사회의 구조와 변화를 이해하고, 이를 바탕으로 더 나은 사회를 건설하고자 했다.

● 미국 실용주의

'미국 실용주의'는 실제 쓸모와 결과에 따라서 이론의 참과 거짓을 판단해야 한다는 철학이다. 미국 실용주의자는 이론은 외부 세계를 단순히 반영하는 것이 아니라 현실 문제를 해결하는 도구로 쓸모가 있어야 한다고 강조했다. 또 고정되고 절대적인 진리나 실체는 없으며, 모든 것은 끊임없이 변화하는 경험 속에서 형성하고 검증해야 한다고 주장했다. 실용주의는 끊임없이 변화하는 현실에서 쓸모 있는 결과를 낳는 것을 최우선 가치로 삼는 미국적 사고방식의 핵심이다. 핵심 철학자인 '존 듀이'는 실용주의를 바탕으로 진보적인 교육 철학을 제시했다. 듀이는 학습자의 흥미와 능동적인 탐구 활동을 존중해야 하며, 민주 사회의 중심인 비판적 시민을 육성하는 것이 교육의 목적이어야 한다고 강조했다.

● 쇼펜하우어

'아르투어 쇼펜하우어'는 염세주의와 비합리주의의 관점에서 세계의 본질을 탐구한 철학자다. '염세주의'는 인생이 고통과 악으로 가득 차서 모든 일이 결국에는 나쁘게 끝난다고 예상하는 태도다. 쇼펜하우어에 따르면 인간은 맹목적인 충동이나 무한한 욕망의 지배 때문에 삶은 어쩔 수 없이 고통으로 가득 차 있다고 한다. 욕망은 결핍에서 비롯되므로 고통이고, 욕망을 충족한 뒤에는 곧바로 권태가 찾아와 또다시 고통을 겪게 되기에 고통스러운 순환 고리에서 벗어날 수 없다. 쇼펜하우어는 이런 고통에서 벗어나는 길을 세 가지 제시한다.

· 예술로 욕망과 충동에서 벗어나 평화를 얻는다.

· 도덕적 연민으로 타인의 고통을 내 고통으로 인식하며 이기심에서 벗어난다.

· 욕심을 통제하는 금욕주의로 욕망을 거부하고 영원한 해방에 이른다.

쇼펜하우어는 '세계는 나의 표상'이라고 했는데, 이는 우리가 인식하는 세상은 나와 무관하게 독립되어 존재하는 것이 아니라 나와 맺은 관계 속에서 그 모습(표상)을 드러낸다는 의미다.

● 키에르케고르

'쇠렌 키에르케고르'는 헤겔의 객관적이고 추상적인 철학을 비판하고 주체적인 실존을 철학의 중심에 세운 철학자다. '실존'은 단순히 존재하는 것이 아니라 불안과 고독 속에서도 자기 삶을 꾸준히 창조해 나가는 주체적인 존재 방식이다. 인간이란 자유로운 선택의 주체이기에 반드시 불안할 수밖에 없고, 진실하지 못한 자기 모습을 확인하고 절망에 빠지기도 한다. 그러나 바로 이런 불안과 절망이야말로 실존이 주체적으로 자기 삶을 새롭게 창조해 나갈 수 있는 원동력이 된다. 키에르케고르는 실존을 세 단계로 구분했다.

· 심미적 단계는 쾌락과 순간적인 감각을 따른다.

· 윤리적 단계는 보편적인 도덕과 의무를 따른다.

· 종교적 단계는 믿음의 비약[10]으로 자신을 완성하고 구원에 이른다.

키에르케고르는 당시의 교회와 신앙이 형식적이라고 비판하면서 참된 신앙은 각 개인이 실존적인 열정으로 신과 개별적인 관계를 맺음으로써 가능하다고 주장했다.

● 니체

'프리드리히 니체'는 기존 철학을 근본적으로 비판하고 생명력과 주체성 중심의 새로운 세계관을 제시한 철학자다. 니체 철학의 출발점은 '신은 죽었다'는 선언이다. 이 선언은 서양 사회의 뿌리인 기독교와 기존의 가치가 무너지고 모든 목적과 의미가 사라진 허무주의 시대가 왔음을 의미한다. 니체는 이 허무주의를 새로운 기회로 보고 노예가 되는 기존 도덕을 거부하며, 생명력 중심의 새로운 가치를 창조해야 한다고 주장했다. 니체 철학의 핵심은 '권력 의지'다. '권력 의지'는 자신을 극복하고 성장하며 끝없이 힘을 키우려는 충동이다. 니체는 인간의 모든 행위와 인식, 심지어 도덕도 이 권력 의지의 표현으로 보았다. 따라서 권력 의지를 긍정하고 적극적으로 실현해야

10　믿음의 비약: 이성이나 윤리를 뛰어넘어 주체적으로 신앙을 선택하는 행위다.

한다고 강조했다. 니체 철학에서 허무주의를 극복하고 권력 의지를
완전히 실현한 이상적 인간이 '초인'이다. 초인은 낡은 가치에 얽매
이지 않고 자신만의 새로운 가치를 창조하며, 삶의 모든 고통과 시련
도 포용하고 긍정하는 강인한 존재다.

5

현대 철학

현대 철학은 대륙 철학과 분석 철학이라는 흐름으로 나뉜다. 대륙 철학은 니체 이후 현상학에서 출발해서 실존주의로 발전했고, 구조주의와 해체주의를 거쳐 포스트모더니즘으로 변화했다. 분석 철학은 언어와 논리를 엄밀하게 분석하여 철학적 문제에 접근했고, 다양한 학문 분야로 전문화되었다.

● 프로이트

'지그문트 프로이트'는 인간의 정신과 행동을 무의식의 작용으로 설명하는 정신 분석학을 창시한 의사이자 심리학자다. 프로이트는 인간의 정신을 의식, 전의식, 무의식[11]이라는 세 영역으로 나누고, 무

---

11   • 의식: 사람이 지금 인식하고 있는 느낌이나 생각
     • 전의식: 지금 의식하지는 않지만 바로 의식으로 불러올 수 있는 기억이나 지식
     • 무의식: 의식할 수 없지만 정신의 깊은 곳에 저장된 억압된 욕망과 충동, 고통과 상처

의식에 저장된 억압된 욕망과 기억이 인간 행동의 가장 강력한 동기라고 강조했다. 그는 꿈이나 자유 연상 등을 통해 무의식 세계를 탐구하는 방법을 제시했다. 그는 인간의 성격을 원초아(id), 자아(ego), 초자아(superego)라는 세 요소의 끊임없는 상호 작용과 갈등으로 설명했다.

원초아는 본능적 충동을 따르려 하고, 초자아는 양심과 이성으로 이를 통제하려 한다. 자아는 원초아와 초자아를 적절하게 조절하고 통제하는 역할을 하는데, 이 과정에서 발생하는 불안을 해소하려고 방어 기제[12]를 무의식적으로 사용한다. 프로이트의 이론은 20세기 내내 심리학, 의학뿐 아니라 문화, 예술, 정치, 경제 전반에 큰 영향을 끼쳤다.

● 현상학

'현상학'은 의식에 그대로 나타나는 현상의 본질을 파악하는 것이 목표인 현대 철학이다. 모든 의식은 반드시 어떤 것을 지향하고 있다는 '의식의 지향성'이 현상학의 핵심 원리다. 현상학에서는 노에시스와 노에마[13]의 관계를 분석함으로써 순수한 의식의 실체를 밝히는 데

---

12 방어 기제: 자아가 불안이나 위협에서 자신을 보호하려고 무의식적으로 사용하는 심리적 전략 또는 방법

13 노에시스와 노에마: '노에시스'는 의식의 작용이나 행위다. 예를 들어 '내가 매운 떡볶이를 먹는다'는 의식에서 '먹는다'는 행위나 방식이 노에시스다. '노에마'는 의식의 작용으로 의식된 대상의 내용이나 의미다. 예를 들어 '내가 매운 떡볶이를 먹는다'에서 '매운 떡볶이'가 노에마다. 노에시스(의식 행위)는 반드시 그 행위가 향하는 노에마(의미 내용)를 가지며, 그 반대도 마찬가지이므로 노에시스와 노에마는 떼려야 뗄 수 없는 관계다.

집중한다. 현상학은 순수 의식에 도달하려고 '정지'와 '환원'이라는 방법을 사용한다. '정지'는 외부 세계가 실제로 존재한다는 판단을 잠시 보류하는 것이고, '환원'은 정지로 얻은 순수한 의식에서 개별적이고 우연적인 요소를 제거하여 현상의 본질을 직관적으로 파악하는 과정이다. 정지와 환원이라는 현상학의 방법론은 이후에 실존주의, 해석학 등의 철학에 큰 영향을 끼쳤다.

● 실존주의

'실존주의'는 개인의 자유, 책임, 주체성을 중요하게 여기는 현대 철학이다. 실존주의는 '실존은 본질에 앞선다'는 명제를 핵심으로 한다. 펜은 글을 쓰고, 컵은 음료를 따라 마시는 등 사물은 자신의 본질에 따라 그 쓰임새가 정해진다. 그러나 인간은 사물처럼 정해진 본질이나 목적 없이 세상에 태어나며, 자신의 선택과 행동으로 '자신의 본질'을 만들어 가는 존재다. 인간에게 주어진 자유는 우리 자신에게 무한한 책임을 부여하고, 불안과 절망이라는 실존적 감정을 겪게 한다. 인간은 주어진 의미를 찾으려고 하지만 세상은 의미가 없기에 필연적으로 충돌이 생기는데, 이를 '부조리'라고 한다. 실존주의는 인간이 불안과 부조리를 회피하지 않고 직면하며, 고독 속에서도 자유를 긍정하고 책임감 있게 가치를 창조함으로써 참된 자신을 실현할 것을 요구하는 철학이다.

● 해석학

'해석학'은 문자, 예술, 인간 등 모든 것을 해석하는 이론과 방법에 대한 학문이다. 과거의 해석학은 성경, 법률, 문학의 문자를 해석하는 방법이었으나, 현대에는 인간이 세계를 이해하고 의미를 부여하는 방식을 탐구하는 학문으로 발전했다. '딜타이'는 자연과학과 정신과학은 다르다면서 역사나 문화 같은 정신과학은 인간의 삶 속에서 의미를 파악하는 고유한 방법론을 사용해야 한다고 주장하며 해석학의 기반을 닦았다.

'하이데거'에 따르면 '이해'는 개별적인 행위가 아니라, 인간이 세계 속에서 살아가는 방식 그 자체다. 예를 들어 젓가락으로 음식을 먹는 행위를 떠올려 보자. 우리는 젓가락질할 때 머리로 생각하고 분석하지 않는다. 젓가락질하는 순간, 젓가락은 나에게 자연스럽게 이해된 상태로 사용된다. 하이데거가 말하는 이해는 언제나 가능성을 향해 있는데, 이는 미래의 가능성을 향해 현재를 설계하고 실행한다는 의미다. '가다머'에 따르면 '이해'란 과거의 역사적 인식과 현재의 해석자가 지닌 인식이 만나 새로운 의미를 창출하는 융합의 시간이다. 해석학으로 인문학은 자연과학과 구분되는 독자적인 인식론과 방법론을 확립했다.

● 비판 이론

'비판 이론'은 사회와 문화를 비판적으로 성찰하여 사회 변화를 추구하는 철학이다. 비판 이론의 핵심 개념은 '도구적 이성'과 '문화 산업 비판'이다. 비판 이론에 따르면 계몽주의는 이성으로 인간이 더 자유로워지고 자신을 알게 되리라 믿었지만, 현대 자본주의는 더욱 많은 이득을 얻는 도구로만 이성을 사용함으로써 이성이 지배자의 착취 도구가 되었다. 원래 계몽주의가 말한 이성은 '합리적 이성'으로 인간의 자유, 정의, 행복 같은 가치를 지향한다. 반면에 자본주의 사회의 '도구적 이성'은 자연을 더 쉽게 지배하고, 인간을 효율적으로 통제하는 방법으로 활용함으로써 인간을 도구로 만들고, 인간 소외를 심화시키는 결과를 빚고 있다.

비판 이론은 자본주의의 문화 산업에서도 문제가 많다고 지적한다. 비판 이론에 따르면 자본주의의 문화 산업은 대중에게 획일적인 취향을 주입하여 똑같은 문화만 소비하게 함으로써 대중을 수동적인 존재로 타락시켰다고 한다. '하버마스'는 도구적 이성의 대안으로 '의사소통적 이성'을 제시했다. 하버마스는 대중이 자유롭게 자기 의견을 표현하고 토론하는 '공론장'에 모든 시민이 동등하게 참여하고, 합리적 이성으로 소통하며 결정할 때 사회 문제의 해결이 가능하다고 강조했다.

● 소쉬르

'페르디낭 드 소쉬르'는 20세기 인문학에 혁명을 일으킨 언어학자로, 그의 언어학은 구조주의 철학의 기원이다. 소쉬르에 따르면 언어의 기본 단위는 기호인데, 기호는 기표(소리, 문자)와 기의(뜻)로 구성되어 있다. '흑연과 나무로 만든 필기구(✎)'라는 물건을 '연필'로 부르는 이유는 딱히 없다. 이처럼 '기표'와 '기의' 사이에는 서로 필연적인 관계가 없다. 소쉬르는 언어 활동을 '랑그'와 '파롤'로 구분했다. '랑그'는 한 사회 구성원이 공유하는 추상적인 언어 체계와 규칙이고, '파롤'은 랑그라는 규칙을 바탕으로 개인이 실제로 행하는 소통 행위다.

지금 독자가 읽고 있는 이 글은 '한국어'라는 언어 체계를 사용하는데, 한국어가 '랑그'고 지금 읽고 있는 구체적인 이 글은 '파롤'이다. 소쉬르는 랑그를 연구하는 것이 언어학이라고 했다. 즉, 기호의 의미나 특징은 언어 체계 내 다른 기호와 견주었을 때만 드러나기에 언어 구조를 연구해야 한다는 것이다. 소쉬르의 접근법은 이후 구조주의 철학의 탄생으로 이어졌다.

● 구조주의

'구조주의'는 개별 현상과 행위에 깔린 심층적인 구조를 분석하는 철학이다. 소쉬르는 개별적인 말인 파롤보다 언어 시스템인 랑그에 주목하고, 문화적인 의미와 차이는 랑그 내 기호 차이로 발생한다고 주장했다. 구조주의는 소쉬르의 이론을 확장하여 모든 문화 현상을 언어와 비슷한 체계로 여기고, 이를 소쉬르와 같은 방법으로 연구했다.

소쉬르가 언어의 '구조'를 찾았듯이, '레비-스트로스'는 모든 사회와 문화 현상에도 '구조'가 있다 보고 구조주의 철학을 창시했다. 그는 사회적 관계나 제도를 구조라고 하지 않고, 문화적이고 사회적인 행위를 하게 하는 '공통된 무의식의 틀'을 구조로 보았다. 구조주의는 인간의 행위와 문화를 개인 심리가 아니라 객관적이고 보편적인 규칙으로 이해하려는 시도였다. 그러나 구조주의는 인간의 능동적인 역할과 역사적인 변화를 소홀히 했다는 비판을 받았다.

● 분석 철학

'분석 철학'은 언어의 논리적 분석을 철학 탐구의 핵심으로 삼은 철학이다. 분석 철학은 초기에는 러셀 등 '논리 실증주의', 중기에는 비트겐슈타인의 '일상 언어 철학', 후기에는 콰인이 더욱 정교하게 발전시켜 다양한 철학으로 전문화되었다. 분석 철학은 엄밀한 정합성을 추구하며 20세기 서양 철학의 중심이 되었다.

● 논리 실증주의

'논리 실증주의'는 과학적 엄밀함을 추구한 철학이다. 논리 실증주의에서 지식은 '검증 가능'해야만 지식으로서 가치가 있다고 보았다. 즉, 어떤 명제가 의미가 있으려면 경험적 관찰이나 논리적 분석으로 참과 거짓을 확인할 수 있어야 한다는 것이다. 이 원리에 따르면, 신이나 존재의 본질 같은 주제를 다루는 전통적인 형이상학은 검증될 수 없으므로 철학의 대상이 될 수 없다. 논리 실증주의는 철학에 엄밀성과 명확성을 도입하며 과학 철학을 발전시키는 데 기여했지만, '검증 가능성'이란 원리 자체가 엄밀한 명제가 아니라는 비판을 받으며 쇠퇴했다.

● 비트겐슈타인

'비트겐슈타인'은 20세기 분석 철학을 대표하는 철학자다. 그의 철학은 초기와 후기로 나뉜다. 초기에 그는 언어와 세계의 관계를 '언어 그림 이론'으로 설명했다. 의미 있는 명제는 세계의 사실을 논리적으로 그린 그림과 같으므로, 언어는 경험이 가능한 사실을 논리적 구조에 맞추어 명확하게 묘사해야 한다. 따라서 '내 언어의 한계는 내 세계의 한계'일 수밖에 없다. 비트겐슈타인은 기존 철학에서 연구한 다양한 주제가 논리적 그림으로 말할 수 없는 것들을 억지로 말하려 했다고 비판했다. 그래서 그는 "말할 수 없는 것에 대해서는 침묵해야 한다."라고 선언했다.

후기의 비트겐슈타인은 초기의 자기 철학을 비판하며 새로운 철학을 제시한다. 그는 언어의 의미는 고정되어 있지 않고 마치 게임처럼 사회적으로 사용되면서 의미가 결정된다고 보는 '언어-게임 이론'을 제시했다. 실제로 언어의 의미는 그 언어를 사용할 때 맥락과 사람, 동작과 관계, 문화적인 배경과 개인적인 삶 등을 복합적으로 종합해서 결정한다. 따라서 단어나 문장의 뜻은 하나로 결정되는 것이 아니라 사용하는 맥락에서 두루뭉술하게 뜻을 공유하며 사용한다. 이 시기의 비트겐슈타인은 새로운 철학 이론의 정립이 아닌 잘못된 언어 사용에 따른 혼란을 없애는 데 철학이 맡은 임무가 있다고 보았다.

● 콰인

'윌러드 반 오먼 콰인'은 총체주의를 주장한 분석 철학자다. '총체주의'는 지식과 의미가 개별적으로 분리된 문장이나 경험으로 결정되는 것이 아니라, '지식의 망'이라고 하는 지식의 전체 체계와 맺은 관계에서 결정된다는 이론이다. 총체주의에 따르면 기존 지식 체계는 새로운 경험적 증거나 모순이 발생하면 지식 망의 어떤 부분이라도 수정할 수 있지만, 망의 중심부는 주변부보다 수정하기 어렵다고 한다. 따라서 과학적 지식의 변화는 새로운 증거에 맞추어 전체 지식 체계를 새롭게 조직화하는 과정이며, 이 과정에서 끊임없는 선택을 겪는다.

● 사회 생물학

'사회 생물학'은 인간을 포함한 동물의 사회적 행동을 진화론적 관점에서 연구하는 학문이다. 사회 생물학에서는 인간의 이타주의, 공격성, 짝짓기 방식 등 사회적 행동 양식이 생존과 번식에 유리하도록 진화한 결과라고 설명한다. 친족 선택 이론이나 이기적 유전자 개념을 활용하여 인간의 이타적인 행동조차도 결국에는 유전자 복제와 확산을 최대화하는 전략으로 해석한다. 사회 생물학은 문화와 학습의 역할을 무시한다는 비판을 받았으나, 생물학적 원리를 인간과 사회의 분석에 활용했다는 점에서 큰 의미가 있다.

● 생태주의 윤리학

‘생태주의 윤리학’은 인간 중심주의를 거부하고 인간도 생태계의 일부라는 인식으로 윤리 기준을 제시하는 윤리학이다. 생태주의 윤리학에서는 자연은 인간의 이익을 위한 수단이 아니라 그 자체로 존중받아야 한다는 생태 중심주의를 강조한다. 따라서 ‘생태계를 온전하고 아름답게 보전하는 행동은 옳고 그렇지 않은 행동은 옳지 않다’고 판단한다.

● 포스트모더니즘

‘포스트모더니즘’은 모더니즘(근대성)을 비판하고 등장한 20세기 후반의 사상 문화 운동이다. 포스트모더니즘은 근대 사회가 지향했던 이성, 합리성, 보편적 진리, 통일된 체계 등이 결국 억압을 불러왔다면서 이런 사고방식에서 벗어나야 한다고 역설했다. 포스트모더니즘에서는 해방, 진보, 이성 등 거대한 이념으로 세상을 설명하려는 시도는 실패했고, 절대적인 진리나 보편적인 객관성은 없다고 본다. 따라서 포스트모더니즘은 다원주의와 해체주의를 핵심 대안으로 제시한다.

 '다원주의'는 하나의 중심에서 벗어나 다양한 관점과 소수자의 목소리를 중시한다. '해체주의'는 기존 질서와 문화에 깃든 권위와 억압을 무너뜨리고 새롭게 해석해서 새로운 인식과 자유를 추구한다. 포스트모더니즘은 특히 문화 예술에서 두드러진 영향을 끼쳤다. 건축에서는 기존 기능 중심의 건축에서 벗어나 다양한 양식을 혼합했고, 예술에서는 모방과 패러디 같은 기법을 활용하여 기존 질서와 형식을 파괴했다.

"끝났어?"

황금 사과가 빙그르르 돌았습니다.

"사과가 어떤 의미인지 왜 설명해 주지 않아? 사과는 금단의 욕망이요, 불화의 상징이며, 독립의 열망이고, 자연의 진리이며, 존재에 대한 의문이자 혁신의 상징이라고 했잖아. 그게 무슨 말이야?"

"성경에서 아담과 이브는 유혹을 견디지 못하고 금단의 열매를 따 먹어. 그때 사과는 욕망의 상징이지. 아리스가 던진 사과는 네가 경험하듯이 서로 싸우게 만드는 불화의 상징이고. 윌리엄 텔의 사과는 독립을 향한 열망이야. 가혹한 독재자에게 맞서 아들의 머리에 올린 사과를 화살로 쏨으로써 자유가 얼마나 중요한지 드러냈어. 뉴턴의 사과는 너도 잘 알 거야. 뉴턴은 과학과 수학으로 자연의 진리를 밝혀 냈잖아. 세잔은 사과를 그린 화가로 유명해. 세잔에게 사과는 단순한 대상이 아니었어. 세잔은 눈에 보이는 모습 그대로가 아니라 사과의 본질을 탐구했어. 그래서 세잔의 사과는 존재의 본질을 탐구하는 의문이야. 마지막으로 스티브 잡스의 애플은 사과를 로고로 사용해. 새로운 세상을 만드는 혁신, 다르게 생각하라는 도전, 그것이 바로 현대의 사과지. 이쯤 되니 사과가 서양의 정신과 역사에서 얼마나 중요한지 알겠지?"

"알겠어, 잘 알겠다고. 그렇지만 서양 철학을 알고, 사과에 담긴 상징을 알아도 저 세 악마들의 손아귀에서 벗어날 길은 못 찾겠다고."

"나는 이미 길을 제시했어. 선택은 네 몫이지."

"언제 길을⋯⋯."

황금 사과는 빙글빙글 돌았고 빛은 점점 희미해졌습니다.

"사과에는 늘 같은 질문이 숨어 있어. 철학의 오래된 질문이기도 하지."

황금 사과가 사라지며 아득한 곳에서 문장 하나만 남아 허공에 울렸습니다.

"너는 진리를 위해 독이 든 사과를 베어 물 용기가 있는가?"

수수께끼 같은 문장을 끝으로 어둠이 사라지며 다시 현실로 돌아왔습니다.

"누구냐고?"

"빨리 결정해."

"누가 제일 예뻐?"

다시 살벌한 협박이 쏟아졌습니다.

윤재는 깊이 고민했습니다. 윤재의 로고스가 번쩍였습니다. 독이 든 사과를 베어 물 용기가 있는가? 답은 간단했습니다. 없죠. 독이 든 사과를 먹으면 죽습니다. 죽음을 각오하고 진리를 추구한 사람도 있겠지만, 윤재는 그러기 싫었습니다. 진리는 죽지 않을 만큼 적당히 알면 됩니다.

그렇다면 방법은 하나입니다. 어떤 선택을 해도 심각한 문제가 벌어진다면, 그 선택할 상황 자체를 없애 버리면 됩니다. 내 손에 든 사과는 독이 든 사과인가? 아니죠. 맛있는 사과입니다. 빛깔이 아주 좋습니다. 그러면 해결책은 간단합니다. 윤재는 사과에 침을 잔뜩 묻히며 크게 한입 베어 먹었습니다.

"뭐해? 너!"

"뭐하긴. 사과 먹지. 사과는 먹는 거잖아. 맛있는 사과가 내 손에 있으면 먹어야지. 맛있게."

4부

관계의 학문
: 동양 철학

"와. 이쁘다."

"앞발 봐. 어쩜 이렇게 보드랍고 귀여워."

윤재와 윤지는 고양이 미미를 쓰다듬고 만지고 껴안으며 기쁨을 감추지 못했습니다. 미미는 윤희가 여름 방학에 가족 여행을 가면서 맡긴 고양이입니다. 엄마는 처음에는 반대했는데, 하도 매달리니 둘이 전적으로 고양이를 관리한다는 약속을 받고 허락해 주었습니다. 먹이도 주고, 털도 관리하고, 나이 많은 미미를 위한 약도 먹여야 했고, 고양이 화장실도 정기적으로 청소하고, 스크래치도 적절하게 관리해야 했습니다. 물론 장난감으로 놀아 주는 것은 기본이고 종종 간식도 챙겨야 했습니다.

첫날과 둘째 날은 기쁘기만 했습니다. 그러나 셋째 날부터 문제가 생겼습니다. 털 관리를 제대로 하지 않으면서 털이 옷에 묻고 방에 날아다녔습니다. 화장실 모래가 바닥에 떨어지는데 걸을 때마다 발에 밟혔습니다. 약과 간식을 꼬박꼬박 챙기는 것도 쉽지 않았습니다. 미미는 여전히 귀엽고 예뻤지만 꼼꼼하게 챙기기는 힘들었습니다. 좋은 것은 누리면서 귀찮은 것은 서로에게 미루려고 윤재와 윤지는 서로 힘겨루기를 했습니다. 그러다 광복절이 되었습니다.

윤재와 윤지가 일어나 보니 거실 창문 밖에 태극기가 걸려 있었습니다. 미미는 언제 일어났는지 태극기를 보며 거실 창문에서 야옹거렸습니다. 태극기가 바람에 펄럭일 때마다 미미의 야옹 소리가 커졌습니다. 어제 제대로 치우지 않은 탓에 미미의 화장실은 지저분했고,

바닥에는 모래가 굴러다니고, 소파에는 털이 묻어 있었습니다. 미미의 울음은 점점 커졌고, 해야 할 일은 많았습니다. 윤재와 윤지는 거실 소파에 편하게 앉아서 텔레비전을 켰습니다. 둘이 좋아하는 예능을 켜 놓고 낄낄거렸습니다. 안방에서 나온 엄마의 눈빛이 매섭게 빛났습니다. 엄마는 말없이 손가락으로 미미를 가리켰습니다. 윤재와 윤지는 바짝 긴장했습니다. 엄마가 말없이 저렇게 신호를 보내면 위험합니다. 폭발하기 직전입니다. 이때 괜히 눈치 없이 굴었다가는 폭풍을 얻어맞습니다.

“야, 네 차례잖아.”

“뭔 소리야. 네가 어제 아침에 치웠는데.”

“저녁은 뭔데?”

“약은 줬어?”

“네가 안 줬어?”

둘은 서로 책임을 떠넘겼습니다. 얼마 뒤면 방학도 끝나는데 쉴 때 확실히 쉬고 싶었습니다. 미미가 귀엽지만 귀찮은 일은 떠맡기 싫었습니다. 팽팽한 긴장이 흘렀고, 그런 둘에게 엄마가 다시 한 번 지나가며 손짓을 했습니다. 이제 정말로 폭풍 직전입니다. 빨리 결정해야 합니다. 누구든 둘 중 한 사람이 움직여야 합니다. 그러나 자기가 하기는 싫습니다. 날카로운 신경전이 말없이 벌어졌습니다. 다시 엄마가 거실로 나오기 전에 결판이 나야 합니다. 미미가 세차게 울고, 태극기가 펄럭이더니 또다시 괴이한 일이 벌어졌습니다.

"저게…… 뭐야?"

윤재가 먼저 놀라서 일어났습니다. 윤재를 보고 시선을 돌린 윤지도 놀라서 일어났습니다.

거실 창문 밖에 걸린 태극기가 점점 커지더니 창밖을 꽉 채웠습니다. 붉은색과 푸른색이 서로 맞물리며 뒤엉켰습니다.

"빛과 어둠은 얽혀 있어. 빛이 없으면 어둠도 없지."

태극기에서 목소리가 들렸습니다.

"자유에는 책임이 따르고, 고양이의 귀여움을 만끽하려면 귀찮은 일을 떠맡아야 해. 사랑을 위해서는 슬픔을 견뎌야 하고. 삶에는 죽음이 따르고, 산이 높으면 골짜기가 깊지. 세상만사가 그래. 어느 하나만 누리려는 마음은 욕심이 아니라 지독한 탐욕이야."

태극기의 붉은빛과 푸른빛이 빙글빙글 돌며 뒤엉켰고, 윤재와 윤지는 그 빛의 소용돌이 속으로 정신이 빨려 들어가며 낯선 지식이 머릿속에서 울렸습니다.

1

공자

'춘추전국시대'[1]는 견융의 침략을 받아 주나라가 수도를 옮겼을 때(기원전 770년)부터 진(秦)나라가 중국을 최초로 통일했을 때(기원전 221년)까지 시기다. 춘추전국시대에는 사회 질서가 흔들리고, 전쟁이 끊임없이 벌어지며 혼란이 극심했다. 공자는 혼란을 극복할 대안으로 과거의 주나라 질서를 제시하고, 이를 실현하려고 인, 예, 효를 강조했다.

● 천명

'천명(天命)'은 하늘의 명령이란 뜻으로 도덕의 근원이다. 오래전부터 중국에서는 통치자를 천자(天子)라고 하여 하늘을 대신해서 세상

---

1 춘추전국시대: 전기의 춘추시대와 후기의 전국시대로 나뉜다. 춘추시대에는 중국이 수많은 작은 나라로 쪼개졌으며 주나라 왕실을 어느 정도 존중하고 기존 질서가 나름 유지되었다. 전국시대에는 강력한 일곱 국가가 중국을 차지하려고 나라의 운명을 건 전쟁을 벌이던 시기로, 기존 질서는 완전히 붕괴되었다.

을 다스리는 존재로 여겼는데, 천명은 통치자의 권위를 하늘이 준다는 뜻이다. 공자는 이런 천명의 개념에 도덕성을 더했다. 공자에 따르면 덕(德)이 있는 사람에게 하늘이 통치할 권한을 주며, 덕을 잃으면 천명이 다른 이에게 넘어간다고 한다. 공자는 통치자뿐 아니라 각 개인에게도 천명이 있다 보았고, 공자 자신은 '나이 50에 천명을 알았다(知天命)'고 선언했다. 공자는 옛 성현의 도를 회복하여 혼란한 세상을 안정시키는 것이 자신의 천명이라고 믿었다. 천명은 통치자에게 백성을 잘 다스리라고 요구하는 강력한 수단이고, 개인에게는 사회적인 실천과 책임을 부여하는 도덕의 기준이다.

● 도

'도(道)'는 길이란 뜻으로, 사람이 마땅히 지키며 따라야 할 이치다. 노자의 '도'가 세상 만물의 근원이자 원리라면, 공자의 '도'는 인간이 사회에서 사람답게 살려면 반드시 지키고 실천해야 하는 올바른 기준과 원칙이다. 공자는 "아침에 도를 들으면, 저녁에 죽어도 좋다."라면서 도를 깨닫는 것을 최고의 가치로 여겼다. 또 공자는 "자신의 도는 하나의 이치로 모든 것을 꿰뚫는다."라고 했는데, 여기에서 '하나의 이치'란 어진 마음(仁: 인)을 바탕으로 온 마음을 다하고(忠: 충), 남의 처지를 헤아리는(恕: 서) 것이다.

● 인

'인(仁)'은 어질다는 뜻으로 인간이 인간답게 존재할 수 있는 근원적인 본성이다. 공자는 인을 최고의 가치로 보고 보편적인 도덕 윤리로 제시했다. 인을 실천하는 데 필요한 덕목이 '충'과 '서'다. 『논어(論語)』에는 공자가 인을 설명한 대목이 여러 차례 나온다.

- 극기복례(克己復禮)는 자기를 이기고 예로 돌아가는 것이다. 즉, 인은 자신의 욕심을 이겨 내고, 사회의 올바른 규범을 실천하는 것이다.
- 인자(仁者)는 근심하지 않고, 지혜로운 이는 미혹하지 않으며, 용기 있는 이는 두려워하지 않는다. 즉, 인은 흔들리지 않는 정신적 편안함의 뿌리로, 어떤 힘겨움 속에서도 흔들리지 않게 하는 원천이다.
- 교언영색(巧言令色)은 교묘한 말과 보기 좋은 얼굴빛을 하는 사람에게는 어진 마음이 드물다. 즉, 겉모습을 꾸미기 좋아하는 사람은 어진 마음을 지니기 어렵다. 따라서 인은 내면의 진실함이다.

● 충

'충(忠)'은 인을 실천하는 방법으로 최선을 다하는 마음의 진실함이다. 흔히 충이라고 하면 충성을 떠올리고, 국가나 임금에게 무조건 헌신하고 복종하는 것이라고 생각하는데 공자가 말한 충은 그 뜻이 아니다. 충을 풀이하면, 마음 심(心) 글자 위에 가운데 중(中) 글자가 합쳐 있다. 즉, 충이란 마음의 중심이 잡힌 상태, 진실한 마음, 거짓 없는 마음이란 뜻이다. 따라서 공자에게 충은 어떤 행동을 하든지 최선을 다해 정성을 기울이는 마음가짐이다.

● 서

'서(恕)'는 인을 실천하는 방법으로 타인에 대한 배려심이다. 공자는 "자기가 서고 싶으면 남을 세워 주고, 자기가 뜻을 이루고 싶으면 남도 이루게 해 주어라. 가까이에서 자신을 미루어 아는 것이 인을 행하는 방법이다."라고 말했다. 또 "내가 원하지 않는 일을 남에게 베풀지 말라."라고 했다. 따라서 '서'는 이타심과 배려심이다. 내가 대접받고 싶은 대로 남을 대하고, 내가 싫은 일은 남에게도 시키지 않는 것이 바로 '서'의 정신이다.

● 예

'예(禮)'는 내면의 덕성인 인을 외부로 표현하고, 사회의 안정을 유지하는 밑바탕이다. 공자가 살았던 춘추시대는 주나라의 사회 질서와 예의범절이 무너지고 사회가 혼란스러웠다. 공자는 이 혼란을 극복하려면 주나라의 예를 회복하는 것이 중요하다고 보았다. 예는 크게 두 가지 의미가 있는데, 하나는 제사 방식이나 사회 제도 등 사람이 지켜야 할 사회 체계다. 다른 하나는 개인이 일상생활에서 지켜야 할 예의범절이나 행동 규칙이다. 예를 지키면 임금과 신하, 부모와 자식 등 인간관계의 질서가 잡히고, 이기심을 버리고 서로 조화롭게 살게 된다. 그래서 공자는 "예가 아니면 보지도, 듣지도, 말하지도, 행하지도 말라."라고 하며 예를 강조했다.

● 정명

'정명(正名)'이란 '바른 이름'이란 뜻으로, 겉으로 내보이는 이름과 진짜 모습이 일치하는 것을 의미한다. 공자는 정치를 한다면 '이름을 바로잡는 것'을 가장 먼저 하겠다고 말하며, 정명이 혼란한 사회를 바로잡는 근본적인 방법이라고 강조했다. 공자는 군군신신부부자자(君君臣臣父父子子)라고 하여 임금은 임금답고, 신하는 신하답고, 부모는 부모답고, 자식은 자식다운 것을 중요한 가치로 제시했다. 이는 사회 구성원 각자가 자신의 지위에 맞게 역할을 제대로 하는 예가 자리 잡으면 사회가 올바로 된다는 주장이다. 정명은 명칭과 실재를 일치시켜 사회 질서를 확립하는 예의 핵심 기능으로 혼란한 시대를 끝내고 안정된 사회 질서를 세우려는 뜻이 담겨 있다.

● 덕치

'덕치(德治)'란 도덕과 인격을 바탕으로 백성을 다스리는 정치다. 공자는 통치자가 솔선수범해서 덕으로 백성을 다스리면 백성은 부끄러워하여 스스로 바르게 행동하지만, 법과 형벌로 다스리면 처벌을 피하려고 할 뿐 죄는 부끄러워하지 않게 된다면서 법치(法治)가 아니라 덕치를 주장했다. 덕치는 지배 계층이 도덕적으로 올바르게 행동하면 피지배 계층도 자연스럽게 따르면서 사회가 안정된다는 믿음을 바탕으로 한다. 또 어떤 법과 제도를 만들든 결국 그 법과 제도를 운영하는 주체는 사람이기에 사람이 중요하다는 의미이기도 하다.

● 수기치인

'수기치인(修己治人)'은 자신을 먼저 수양한 뒤 백성을 다스린다는 의미다. 다스리는 위치에 있는 사람이 먼저 도덕적인 인격을 완성하려 노력하고 그 뒤에 정치를 해야 덕치가 실현될 수 있다. 수신제가치국평천하(修身齊家治國平天下)는 자신을 먼저 갈고 닦은 뒤에 집안을 다스리고 이를 바탕으로 나라와 천하를 평화롭게 한다는 의미로, 역시 덕치를 위해 자신의 인격을 먼저 완성해야 한다는 것이다. 공자는 인격이 완성된 이를 군자(君子)라 했고, 군자는 유학이 지향하는 완전한 인간이다.

● 유교무류

'유교무류(有敎無類)'는 공자의 교육 철학으로, 가르침에 차별을 두지 않는다는 의미다. 공자는 배우고자 하는 뜻만 있으면 신분이나 나이, 출신지를 구분하지 않고 가르쳤다. 배움을 최고의 즐거움이라 여긴 공자는 잘 배우면 누구나 훌륭한 사람이 될 수 있다고 믿었다.

2
노자와 장자

노자는 인위적인 규범을 비판하고 자연의 순리를 따라야 한다고 강조했다. 노자의 사상을 이어받은 장자는 절대적인 자유를 지향하는 철학으로 노자의 사상을 발전시켰다. 도를 중심으로 철학을 전개했기에 노자와 장자의 사상을 묶어서 도가(道家) 사상이라고 한다.

● 도

'도(道)'는 만물의 근원이며 변화의 원리다. 노자의 『도덕경(道德經)』은 '도가도비상도(道可道 非常道)'로 시작하는데, 이는 도라고 말할 수 있는 도는 참된 도가 아니라는 뜻이다. 도는 우주 만물의 근원이자 변화의 원리이지만, 인간의 언어나 개념으로 이름을 붙이면 도가 아니게 된다. 즉, 도는 끊임없이 변화하며 특정한 틀에 갇히지 않고 무한하므로 사람의 언어로 온전히 이해할 수 없다는 의미다.

● 덕

'덕(德)'은 자연의 본성이자 도가 드러나는 작용이다. 노자의 『도덕경』에서 말하는 덕은 유학에서 말하는 예의, 인의, 신의 등 미덕이 아니라 자연의 본성이자 만물에서 도가 작용하는 것이다. 도가 우주의 궁극적인 근원이자 법칙이라면, 덕은 도가 세상 속에서 만물을 만들고 기르는 구체적인 작용이다.

● 무

'무(無)'는 단순히 '없음'을 뜻하는 것이 아니라 우주가 생기기 이전의 근원이며, 형체가 없는 본바탕이다. 무는 구체적인 사물인 '유(有: 있음)'가 자기 본래의 기능을 할 수 있는 쓸모를 만든다. 예를 들어 그릇은 비어 있기에 그릇이고, 방도 비어 있기에 방으로서 역할을 한다. 이렇듯 있음은 없음으로 그 쓸모가 생긴다. 노자에게 유는 이름을 붙이고 인식이 가능한 현실 세계이며, 무는 이름을 붙일 수 없고 인식이 불가능한 근원으로 있음의 바탕이다.

● 무위

'무위(無爲)'는 인위적이고 억지스러운 의도나 욕심을 버리고 자연의 순리에 따라 행동하는 것이다. 무위에는 크게 두 가지 뜻이 있다. 첫째, 무위는 자연스러움을 의미한다. 사람이 어떤 일에 능숙해지면 전혀 의식하지 않고 자연스럽게 해내는데 이것이 무위다. 둘째, 무위는 하지 않음으로 이루는 것이다. 어떤 과제가 있을 때 무엇을 하느냐도 중요하지만 무엇을 하지 않느냐도 중요하다. 돈을 벌 때는 과하게 욕심을 내지 말아야 하고, 경기를 할 때는 서두르지 않아야 한다. 살다 보면 어떤 말과 행동은 하지 않아야 일이 되는 경우가 더 많은데, 이것이 무위로써 일을 이루는 법이다. 도가에서는 나라를 다스릴 때도 백성을 간섭하지 않고 자연스럽게 살도록 내버려 두면 저절로 나라가 잘 돌아간다면서 무위로 나라를 다스리는 것을 최고로 여긴다.

● 소국과민

‘소국과민(小國寡民)’은 ‘작은 나라와 적은 백성’이라는 뜻으로, 통치자가 억지로 다스릴 필요가 없는 나라다. 나라 규모가 커지고 백성이 많아지면 질서를 위해 법이 필요하고 통치자가 나서서 다스려야 하지만, 작은 나라에 적은 백성이면 자연스럽게 서로 이웃이 되어 어울리며 살 수 있기에 무위의 정치가 실현될 수 있다. 그래서 소국과민은 무위의 질서가 실현된 이상적인 나라를 의미한다.

● 상선약수

‘상선약수(上善若水)’는 ‘가장 훌륭한 선(착함)은 물과 같다’는 뜻이다. 물은 생명이 살 수 있게 하고, 가장 낮은 곳으로 흘러 자신을 낮추고, 모양에 얽매이지 않고 자유로우며, 막히면 돌아가고, 억지로 다투지 않는 등 도에 가장 가까운 성질을 지녔다. 도에 가까이 가려면 물처럼 살아야 한다. 즉, 물을 닮은 사람은 부드러움으로 사람을 감싸고, 유연하게 사건에 대처하고, 겸손한 자세로 이웃을 대하고, 순리에 따르며, 다투지 않는 자세로 살아간다.

● 소요유

'소요유(逍遙遊)'는 '어슬렁거리며 거닌다'는 뜻으로, 어느 것에도 얽매이지 않고 절대적인 자유를 누리는 경지다. 소요유는 장자 철학의 핵심으로 권력과 부와 명예를 쥔 사람이 큰 인물이 아니라, 무위로 살며 절대적인 자유에 도달한 사람이 큰 인물임을 나타낸다. 계급과 신분으로 사람의 가치를 매기던 춘추전국시대에 장자는 백정, 목수, 장애인, 농부 등을 주인공으로 내세우며 당시 사회를 비판하고, 얽매임 없는 자유의 경지에 이른 사람이 진정으로 큰 인물인 대붕[2]임을 강조했다.

● 호접지몽

'호접지몽(胡蝶之夢)'은 '나비의 꿈'이란 뜻으로, 분별과 차별이 무의미함을 의미한다. 어느 날 장자가 나비가 되어 즐겁게 노니는 꿈을 꾸었는데 깨어 보니 장자 자신이었다. 문득 자신이 꿈에 나비가 되었는지, 나비가 꿈에 장자가 되었는지 헷갈렸다. 호접지몽을 통해 장자

---

2 대붕(大鵬): 『장자』의 첫머리에 나오는 거대한 새로, 소요유의 경지에 이른 큰 인물을 상징한다.

는 '나'라는 존재가 절대적이지 않으며, 큰 관점에서 보면 나와 나비를 구별할 수 없음을 깨달았다. 즉, 나와 나비를 구별할 수 없듯이 나와 타인, 인간과 사물, 삶과 죽음, 물질과 비물질을 확실하게 나눌 수 없으며, 구별과 차별은 그저 인간이 만들어 낸 것이다.

● 만물제동

'만물제동(萬物齊同)'은 모든 사물이 근본적으로 같다는 뜻이다. 장자는 크고 작음, 길고 짧음, 아름다움과 추함, 삶과 죽음 등 모든 구별은 상대적인 것이기에 큰 관점에서 보면 서로 차이가 없다고 보았다. 물아일체(物我一體), 즉 나와 사물은 결국 하나다. 우주의 관점에서 보면 거대한 태양도 먼지와 같고, 티끌도 지구와 다를 바 없다. 만물제동은 명예와 이익, 옳고 그름에 얽매이지 말고, 사회적인 지위와 부유함으로 사람을 차별하는 데서 벗어나 평안과 자유에 이르는 시각을 제공하는 사상이다.

● 좌망

'좌망(坐忘)'은 앉아서 모든 것을 잊는다는 뜻으로, 참된 자유에 이르는 정신 수양법이다. 좌망은 모든 얽매임에서 벗어나 모든 지식과 도덕을 잊고, 심지어 자기 자신까지 잊음으로써 나와 외부의 경계를 완전히 허물어 버리는 수련법이다. 좌망으로 소요유와 만물제동의 경지에 이르러 참된 자유인이 될 수 있다.

● 무용지용

  ‘무용지용(無用之用)’은 ‘쓸모없음의 쓸모’라는 뜻으로, 쓸모가 없어
보이는 것이 사실은 가장 큰 효용이 있다는 의미다. 『장자』에는 쓸모
없는 나무와 쓸모가 있는 소가 대비되어 등장한다. 목재로 쓸 수 없
어서 아무도 베지 않는 큰 나무는 쓸모없었기에 죽지 않고 오래 살아
남는다. 그러나 귀하게 대접받고 길러진 소는 제사에 쓰는 제물이 되
어 죽임을 당한다. 이를 통해 장자는 명예, 권력, 재산처럼 사람들이
추구하는 쓸모가 인간을 고통과 불행과 갈등으로 몰아감을 드러내며
쓸모에 얽매이지 않는 자유로움을 강조한다.

● 기심

  ‘기심(機心)’은 기계를 사용하는 자의 마음이란 뜻으로, 편리함을
추구하는 인간의 욕심에 대한 비판이다. 밭에 물을 대려고 힘들게 일
하는 노인에게 어떤 사람이 편리한 기계를 쓰라고 권유하자, 노인은
기계를 사용하다 보면 계속 편리함만 좇다가 순수함을 잃고 정신이
불안정해진다고 비판한다. 편리함을 추구하다 보면 더 효율적인 기
계를 원하게 되고, 이는 탐욕과 갈등으로 이어질 수밖에 없다는 것이
다. 장자의 이런 비판은 편리함과 발전을 추구하다 지구 온난화와 생
물 대멸종, 극심한 불평등과 갈등에 직면한 현대 사회를 2000여 년
전에 미리 내다본 듯하다.

3

맹자

맹자는 춘추전국시대의 유학자로, 공자의 사상을 이어받아 발전시켰다. 인간 본성이 선하다는 '성선설'을 내세우며 백성을 근본으로 하고 도덕적으로 나라를 다스리는 '왕도정치'를 설파했다.

● 성선설

'성선설(性善說)'은 인간 본성은 태어날 때부터 착하다는 견해다. 맹자는 물에 빠지려는 어린아이를 보면 누구나 구하려는 마음이 일어난다는 점을 근거로 인간 본성이 착하다고 주장한다.

인간 본성이 착하기에 왕과 지배층이 모범을 보여 좋은 정치를 펼치면 백성들도 착한 본성대로 살게 된다는 것이 맹자의 논리다.

● 사단과 사덕

'사단(四端)'은 선한 인간 본성이 밖으로 나오면서 드러나는 네 가지 도덕적 감정이다. '단(端)'은 시작점이란 뜻으로, 나무에 새싹이 움트듯이 인간의 착한 마음이 드러나는 네 가지 형태가 '사단'이다.

사단은 측은지심(惻隱之心), 수오지심(羞惡之心), 사양지심(辭讓之心), 시비지심(是非之心)이다. 사단은 유교의 핵심적인 네 가지 덕목인 '사덕(四德)'으로 이어진다. 남을 불쌍히 여기는 측은지심은 인(仁)으로, 부끄러움을 알고 악을 미워하는 수오지심은 의(義)로, 겸손하게 양보하는 사양지심은 예(禮)로, 옳고 그름을 가리는 시비지심은 지(智)로 나타난다. 맹자는 누구나 지니고 태어나는 '사단'을 잘 키우면 '사덕'인 '인의예지'의 품성을 이룰 수 있다고 보았다.

● 왕도정치

'왕도정치(王道政治)'는 왕이 좋은 품성을 길러 덕을 바탕으로 백성을 다스리는 통치 이념이다. 강력한 권력을 바탕으로 나라를 통치하는 패도정치(覇道政治)의 반대가 왕도정치다. 왕도정치를 실현하려면 왕이 먼저 도덕성을 확립하고, 선한 마음으로 따뜻한 정책을 백성에게 베풀어야 한다. 왕도정치를 펼치면 백성이 왕을 지지하고 사랑하게 되어 나라가 안정되고 발전한다.

● 민본주의

‘민본주의(民本主義)’는 백성의 삶을 정치의 최우선 과제로 두는 이념으로, 왕도정치의 밑바탕이다. 맹자는 “백성이 가장 귀하고, 사직(社稷)은 그다음이며, 군주가 가장 가볍다.”라고 말하며 백성들이 인간답게 살아가도록 하는 것을 정치의 기본 목적으로 보았다. 민본정치의 핵심은 백성들의 경제적 안정이다. 먹고 사는 환경이 안정되면 백성들이 저절로 선해지고, 나라가 안정되기 때문이다. 민본주의에 따르면 군주에게는 백성의 삶을 책임질 의무가 있다.

● 역성혁명

‘역성혁명(易姓革命)’은 군주가 폭정을 일삼아 백성의 지지를 잃으면 새로운 왕조가 들어서는 것이 정당함을 뜻하는 말이다. 군주가 백성을 제대로 돌보지 않고 폭군이 되면 백성은 군주를 미워하게 된다. 민심이 곧 천심(天心)이므로 백성을 저버린 왕조를 무너뜨리고 새로운 왕조를 세우는 것은 정당하다. 민본주의를 기반으로 한 왕도정치는 백성을 돌보는 것을 왕의 의무로 규정하므로 그 의무를 제대로 해내지 못하면 쫓겨나는 것이 당연하다.

● 대장부

‘대장부(大丈夫)’는 맹자 철학에서 인격을 완성하고 도덕과 용기를 갖춘 이상적인 인간을 뜻한다. 맹자는 사단을 꾸준히 키워 사덕을 실현하여 호연지기(浩然之氣)를 이룬 사람을 대장부로 칭했다. '호연지기'란 하늘과 땅 사이에 가득 찬 거대하고 당당한 기운이다. 호연지기를 품은 대장부는 권력의 압력이나 협박, 높은 지위나 돈의 유혹, 사람들에게 인정받는지 등에 흔들리지 않고 강인하고 당당하게 옳은 길을 간다.

4
순자

순자는 춘추전국시대 말기의 유학자로, 공자의 사상을 이어받았지만 자기만의 사상을 제시했다. 순자는 '성악설'을 주장하며, '예'를 통해 악한 본성을 바로잡고 백성을 선한 길로 이끌어야 한다고 강조했다.

● 성악설

'성악설(性惡說)'은 인간의 본성이 태어날 때부터 악하다는 견해로, 맹자의 성선설과 반대다. 순자가 보기에 인간은 원래부터 이익을 좋아하고, 손해를 싫어하며, 자기 욕망을 실현하려는 욕구를 지니고 태어났다. 인간이 악한 본성대로 살게 두면 반드시 갈등이 생기고, 사회가 혼란에 빠질 수밖에 없다. 그래서 순자는 타고난 본성을 그대로 두면 안 되므로 교육과 예의를 배우게 하고, 지속적으로 실천하게 함으로써 선하게 만들어야 한다고 강조했다.

● 화성기위

'화성기위(化性起僞)'는 본성을 바꾸려고 인위적인 노력을 일으킨다는 의미다. 인간은 태어날 때부터 자기 이익을 추구하고 욕망을 실현하려는 악한 본성을 지니고 있으므로, 이를 그대로 두면 사회가 혼란해진다. 따라서 사회 질서를 유지하고 도덕성을 확립하려면 악한 본성을 바로잡는 노력이 필요하다. 화성기위는 악한 본성을 바꾸어 나가는 노력을 지칭한다.

● 예치

'예치(禮治)'는 도덕규범을 중심으로 자신을 다스리고 백성을 이끌어야 한다는 정치 이념이다. 순자는 화성기위의 핵심 수단을 과거의 성인이 만든 '예'로 보았다. 개인의 욕망과 사회적 혼란을 막으려면 국가는 예를 통치 수단으로 활용해야 한다는 것이다. 통치자가 '예'를 통해 모범을 보이고 백성에게 예를 가르치고 익히게 하면 왕도정치가 실현될 수 있다는 것이다. 예로써 사회 질서를 확립해야 한다는 순자의 철학은 나중에 법으로 사회 질서를 바로잡아야 한다는 법가의 견해로 이어진다.

● 권학

'권학(勸學)'은 학문을 권장한다는 뜻으로 화성기위를 실현하는 구체적인 방법이다. 인간은 태어날 때 가진 나쁜 본성을 벗어나려고 노력해야 하는데 그 노력이 바로 학문, 즉 공부다. 순자는 공부를 해서 예의를 익히고 꾸준히 실천하여 좋은 품성을 길러야 한다고 강조했다. "푸른색은 쪽풀에서 나왔지만 쪽풀보다 더 푸르다(靑出於藍 靑於藍: 청출어람 청어람)."라는 비유를 들어 후천적인 학습으로 선천적인 본성을 뛰어넘을 수 있다는 점을 역설했다.

● 천인분이

'천인분이(天人分二)'는 하늘과 사람의 영역은 별개라는 뜻이다. 이전까지 유학자는 '천명'이라고 하여 도덕의 원천을 하늘에서 찾았으나, 순자는 하늘을 인간과 아무런 관련이 없는 자연 현상으로 여겼다. 하늘에서 벌어지는 기상 현상과 천체 운동은 그저 자연 현상일 뿐이기에 잘 관찰해서 이치를 알면 되고, 인간 사회의 일은 인간 스스로 노력해서 바꾸어 나가야 한다는 것이 순자의 사상이다.

5

묵가

‘묵가’는 묵자를 시조로 하는 학파로, 차별 없는 사랑과 전쟁 반대를 주장했다. 엄격한 규율을 바탕으로 조직된 묵가는 사랑과 절약을 실천하며 침략 전쟁을 막는 데 힘썼다.

● 겸애

‘겸애(兼愛)’는 모든 사람을 차별 없이 동등하게 사랑해야 한다는 사상이다. 유학자는 부모와 가까운 친족에게 더 큰 사랑을 베푸는 차등적인 사랑(別愛: 별애)을 주장했는데, 묵자는 차별적 사랑이 자기 가족과 국가의 이익만 우선하게 만들어 다툼과 전쟁을 일으키는 원인이 된다고 보았다. 이웃을 내 가족처럼 여기며 보편적이고 평등한 사랑을 실천하는 것이 겸애다. 묵자는 하늘이 모든 사람을 평등하게 사랑하므로 인간도 하늘의 뜻에 따라 서로 사랑하고 이롭게 해야 한다고 생각했다.

● 천지

‘천지(天志)’는 하늘의 뜻이라는 말로, 묵가 사상에서 도덕적, 종교적 정당성의 원천이다. 묵자는 하늘이 의지(志)와 판단력을 지닌 인격적인 존재라고 믿었다. 묵자는 겸애를 비롯한 모든 철학의 정당성을 ‘하늘의 뜻’에서 찾았기에 ‘천지’ 개념은 묵자 사상의 핵심이다.

● 명귀

‘명귀(明鬼)’는 귀신의 존재를 분명히 밝혀 인정한다는 뜻이다. 묵자는 하늘의 명을 받은 귀신이 사람의 선행과 죄악을 늘 지켜본다고 주장했다. ‘명귀’로 인해 백성은 하늘과 귀신을 두려워하여 악을 멀리하고 선행을 실천할 수밖에 없다. 백성이 묵자의 가르침을 실천하게 만드는 강력한 종교적 수단이 바로 ‘명귀’다.

● 비공

‘비공(非攻)’은 정의롭지 않은 침략 전쟁을 반대하는 원리다. 묵자는 겸애를 근거로 하여 침략 전쟁은 남을 차별하고 해치는 짓이며, ‘최대 규모의 도둑질’이라고 비판했다. 비공은 공격 전쟁을 반대하는 것이기에 침략을 당한 쪽이 적에 대항하려고 방어 전쟁을 하는 것은 정당하다고 인정했다. 비공은 겸애의 정신을 바탕으로 국가끼리 화해와 협력하며 서로의 이익을 평화롭게 추구하자는 외교 원리다.

● 비명

‘비명(非命)’은 정해진 운명은 없다는 뜻이다. 묵자는 인간의 운명을 하늘이 이미 결정했다는 숙명론을 부정했다. 묵자는 부귀와 빈곤, 성공과 실패는 운명이 아니라 사람의 노력과 실천으로 결정된다고 강조했다. ‘비명’은 주체적인 실천으로 자신의 운명을 개척하고, 공동체의 이익을 위해 노력하는 자세의 중요성을 강조하는 사상이다.

6
법가

　'법가'는 법과 통치술로 강력한 중앙 집권 국가를 건설하는 것을 목표로 하는 학파다. 법가는 인간을 이기적인 존재로 여기고 엄격한 법과 강력한 권력으로 부강한 나라를 만들려고 했다.

● 법치

　'법치(法治)'는 법으로 나라를 다스린다는 원리다. 법가는 군주의 사적인 감정이나 과거의 전통인 예가 아니라 나라의 모든 사람에게 똑같이 적용되는 공개적인 법(法)을 만들어 이를 신분과 지위에 상관없이 공정하게 적용해야 한다고 주장했다. 법의 핵심은 신상필벌, 즉 공이 있으면 반드시 상을 주고, 죄를 지으면 반드시 벌을 주는 것이다. 법가는 법으로 나라를 다스려야 백성의 생활이 안정되고 사회 질서가 잡혀 나라가 강력해진다고 강조했다.

● 술

　‘술(術)’은 군주의 통치술이다. 법가의 이념에 따라 군주가 신하들을 효율적으로 관리하고 감시하여 통제하려면 다양한 통치술을 발휘해야 한다. 군주는 신하들에게 철저히 속마음을 감추어야 하고, 실제로 일을 해내는 정도를 철저히 평가하며, 당근과 채찍으로 신하들을 휘어잡아야 한다.

　‘술’은 군주의 권위를 세우면서 신하들이 권력을 남용하는 것을 막고, 관리들이 나라와 임금을 위해 긴장하며 일하게 만드는 방법이다.

● 세

　‘세(勢)’는 군주라는 자리에서 나오는 힘이다. 유가에서는 백성은 군주의 도덕성을 보며 통치자를 따른다고 보지만, 법가에서는 권력이 내뿜는 위세 때문에 백성이 통치자를 따른다고 본다.

　아무리 도덕적으로 훌륭하고 지혜롭다고 해도 권력이 없으면 백성이 명령에 복종하지 않으므로, 군주는 권력의 위세를 확고히 세워 백성이 따르게 해야 한다는 것이다. 따라서 법가는 제도와 권력과 정책을 활용하여 군주의 권위를 세우는 것이 매우 중요하다고 강조했다.

● 변법

　‘변법(變法)’이란 시대가 변하면 제도와 법률을 과감하게 바꾸어야 한다는 사상이다. 법가의 사상가들은 세상은 끊임없이 변하므로 옛날 성인들이 세웠던 제도와 예의범절을 그대로 지키는 것은 적절하지 않다고 판단했다. 새로운 사회 문제나 과제가 생기면 과거의 전통에서 해결책을 찾는 것이 아니라 새로운 제도와 법으로써 해결해야 한다는 것이다. 변법은 과거에 얽매이지 않고 변화된 현실에 따라 나라를 다스리는 법가의 융통성을 보여 준다.

　실제로 법가를 받아들인 진나라가 중국을 처음으로 통일함으로써 ‘변법’이 나라를 부강하게 만드는 가장 효과적인 수단임이 증명되었다.

7

동중서

진나라는 춘추전국시대를 끝내고 중국 최초의 통일 제국을 수립한다. 그러나 진나라는 법가에 따라 가혹한 통치를 펼치다 금방 무너졌다. 다시 중국을 통일한 한나라는 오래도록 대제국을 유지할 통치 이념이 필요했다. 동중서는 한나라의 통치 이념으로 유학이 적합하다고 황제인 무제에게 건의했다. 동중서에 따라 다른 사상은 모두 배제되고, 유학만 한나라의 통치 이념이 됨으로써 그 후 2000년 동안 유학이 중국의 중심 사상이 되었다.

● 천인감응설

'천인감응설(天人感應說)'은 하늘과 인간의 행위가 서로 긴밀하게 영향을 주고받는다는 이론이다. 동중서는 묵자와 마찬가지로 하늘을 인격적 의지를 지닌 존재로 보았다. 하늘은 인간 사회를 늘 감시하는데, 통치자가 정치를 잘하면 좋은 징조를 내보이지만 잘못된 정치를 하면 자연재해나 이상한 현상을 일으켜 경고한다는 것이 천인감응설이다. 천인감응설로 통치자는 자연 현상을 통해 정치를 잘하는지 못하는지 평가를 받고, 도덕적인 정치를 해야 한다는 압박을 받게 된다. 이 이론으로 통치자의 권력은 하늘에게서 받은 신성한 권한이 되었으며, 신하들이 자연 현상을 근거로 통치자를 견제할 수 있게 되었다.

● 재이

'재이(災異)'는 천인감응설이 구체화된 것으로 하늘이 자연 현상을 통해 인간, 특히 통치자의 잘못에 대해 경고를 보내는 것이다. '재이'는 홍수나 가뭄 같은 자연재해, 일식이나 혜성 같은 괴이한 현상을 포함한다. 동중서는 통치자가 잘못된 정치를 하면 하늘이 괴이한 현상으로 먼저 경고를 하고, 이를 무시하고 고치지 않으면 자연재해를 일으켜 벌을 내린다고 강조했다.

● 음양오행설

'음양오행설(陰陽五行說)'은 '음과 양'을 우주의 기본 원리로 삼고, 오행(五行: 목·화·토·금·수)으로 만물의 상호 작용이 일어난다고 보는 이론이다. 음양오행설은 원래 전국시대 음양가의 이론이었는데, 동중서가 천인감응설의 근거를 제시하고 도덕적 질서의 정당성을 강화하려고 유학에 도입했다. 음양오행설에 따르면 '음양'의 기운으로 천지가 움직이는데, 양의 기운은 도덕이며 음의 기운은 징벌이기에 음양 원리에 따라 좋고 나쁜 자연 현상이 벌어진다. '오행'은 서로 상생이거나 상극[3]인데, 상생과 상극으로 변화가 일어나기에 왕조의 교체도 오행의 움직임에 따른 필연적인 결과가 된다. 음양오행 이론으로 천인감응설의 근거가 탄탄해졌고, 한나라는 오행의 변화로 세워졌다고 내세움으로써 그 정당성이 확고해졌다.

● 삼강오상

'삼강오상(三綱五常)'은 유학에서 제시한 사회 질서와 도덕의 핵심 원리다. '삼강'은 군신유의(君臣有義), 부자유친(父子有親), 부부유별(夫婦有別)로 사회 질서의 근본이며, '오상'은 '인의예지신(仁義禮智信)'으로 인간이 반드시 지켜야 할 도덕이다. '삼강'은 군주와 신하, 아버지와 아들, 남편과 아내 사이에 수직적인 관계를 확고히 하는 규범이고, '오상'은 모든 사람이 지켜야 할 도덕이다. 삼강오상은 나라의 질서를 확고히 하고 사회를 도덕적으로 유지하는 데 필요한 윤리적 기반이 되었다.

---

3 상생과 상극: 상생은 기운을 북돋아 주는 것이고, 상극은 기운이 맞지 않아 억누르거나 충돌하는 것이다.

8

주희

12세기 송나라는 강력한 북방 민족에게 중원을 빼앗기고 남쪽으로 밀려났으며, 불교와 도교가 번성하여 유학의 지배력도 약해졌다. 이에 주희는 송나라의 정통성을 다시 세우고 유학의 지배력을 되돌리고자 이기론(理氣論)에 바탕을 둔 '성리학'을 창시했다.

● 이기이원론

'이기이원론(理氣二元論)'은 우주 만물이 이(理)와 기(氣) 두 가지 근본 요소로 되어 있다는 원리다. '이'는 만물의 근본으로 형태가 없고, 순수하며, 영원불변의 근원이자 선한 도덕 원리다. '기'는 '이'가 현실에서 나타나게 하는 매개체로서 형태가 있고, 탁하며, 만물의 생성과 운동을 일으키는 원동력이다.

'이'와 '기'는 서로 맞물려 있어서 '기'가 없으면 '이'가 나타날 수 없고, '이'가 없으면 '기'는 무질서와 혼란으로 엉망이 된다. 따라서 현실의 모든 사물은 '이'와 '기'가 결합한 상태로 존재한다.

● 태극

'태극(太極)'은 형체가 없으면서도 우주의 근본 원리로 작동하며, 만물이 생성하고 변화하게 하는 원천이다. 태극은 '음'의 기운과 '양'의 기운이 맞물려 서로 영향을 주고받으며 변화하는 원리를 담고 있다. 태극은 주희가 정립한 세계관의 핵심으로, 우주를 지탱하는 하나의 보편적인 원리이면서 동시에 개별적인 존재에도 다 깃들어 있다. 대한민국 국기의 중심에 태극이 위치한 것은 태극에 대한 성리학적인 믿음이 반영된 것이다.

● 성즉리

'성즉리(性卽理)'는 본성이 곧 '리(理)'라는 뜻으로, 인간 본성은 하늘의 이치 그 자체라는 의미다. 주희는 우주 만물의 근본 원리인 '이'가 인간에게 깃든 것이 '성(性)'이라고 보았다. '이'는 순수하고 선하기 때문에 인간 본성도 태어날 때부터 지극히 선하다는 것이다. 주희는 인간 본성은 선하지만 현실에서 나쁜 모습이 나타나는 까닭은 '이'가 '기'와 결합할 때 탁한 '기'의 영향을 받기 때문이라고 했다. 그래서 '기'의 탁함을 극복하고 원래 본성을 회복하는 것을 목표로 끊임없이 자신을 갈고 닦아야 한다고 강조했다.

● 본연지성과 기질지성

'본연지성(本然之性)'은 인간이 하늘에서 받은 순수하고 선한 본성이며, '기질지성(氣質之性)'은 '이'가 현실의 재료인 '기'와 결합하여 드러나는 성품이다. 본연지성은 어떤 악에도 물들지 않고 치우침이 없는 이상적이고 완벽한 착함이다. 기질지성은 '기'의 불균일한 특성으로 인간의 착한 본성이 틀어지고 뒤틀리며 형성된 인간의 기질이다.

● 거경궁리

'거경궁리(居敬窮理)'는 '기'의 탁함을 바로잡아 착한 본성을 회복하는 수련법이다. '거경'은 마음을 경건하게 하고 조심스럽게 하는 것이고, '궁리'는 만물에 깃든 원리를 깊이 연구하고 탐구하여 깨닫는 것이다. 즉, 거경궁리는 '마음을 바르게 하고, 사물의 이치를 탐구하여 깨닫다'는 의미로, 내면의 마음과 외면의 노력을 결합해야 진정한 앎과 높은 도덕적 경지에 이를 수 있다는 것이다.

● 격물치지

'격물치지(格物致知)'는 사물의 이치를 깊이 탐구한다는 뜻이다. '궁리'의 구체적인 실천 방법이 '격물치지'다. 주희는 세상 만물에 우주의 이치인 '리'가 내재한다 보고, 사물에 깃든 지식을 깊이 탐구해야 한다 보았다. 격물치지로 지식을 익히는 궁극적인 목적은 자기 본성에 깃든 '이'의 원리를 완전하게 깨우치는 것이다.

● 심, 성, 정

‘심(心), 성(性), 정(情)’은 인간의 심리 구조를 이해하는 개념이다. ‘성’은 마음의 본바탕으로 인간이 하늘에서 받은 순수하고 절대적인 성품이다. ‘정’은 ‘본성’이 외부 환경에 영향을 받아 나타나는 다양한 감정이다. ‘심’은 인간의 본성과 감정을 하나로 아울러 관리하는 능동적인 주체다. 그래서 성리학에서는 마음을 바르게 닦는 것(거경)을 가장 중요하게 여긴다.

9

왕양명

명나라 중기의 성리학은 시험을 보는 도구나 권력을 유지하는 수단으로만 활용될 뿐 실제 사회 문제를 해결하는 데는 전혀 도움이 되지 않았다. 이에 왕양명은 실천하는 지식을 강조하고 모든 사람이 귀한 존재임을 주장하는 '양명학'을 창시했다.

● 심즉리

'심즉리(心即理)'는 인간 마음이 곧 하늘의 이치라는 뜻이다. '심즉리'는 주희의 '성즉리(性即理)'에 대한 왕양명의 비판이자 대안이다. 주희는 '이(理)'를 마음 밖에 있는 객관적인 원리로 보고, 본성을 통해서만 '이'와 연결된다고 생각했다. 반면에 왕양명은 '이'가 마음을 떠나서 존재할 수 없으며 마음이 곧 선한 이치 자체라고 보았다. 따라서 이치를 밖에서 찾는 격물치지는 필요 없으며, 마음에서 이치를 찾는 성찰에 집중해야 한다고 강조했다.

● 양지

'양지(良知)'는 인간의 마음속에 선천적으로 갖추고 있는 지혜다. '양지'는 배우거나 생각하지 않아도 마음 안에 이미 갖추어져 있다. 왕양명은 인간에게 '양지'가 있기에 선악을 분별하고, 옳음이 무엇인지 알며, 도덕적인 실천을 할 수 있다고 보았다. '양지'에는 아는 것과 실천이 결합되어 있기에 선한 마음이 일면 곧바로 선한 실천으로 이어진다고 한다.

● 치양지

'치양지(致良知)'는 아는 것을 곧바로 실천하도록 하는 노력이다. 왕양명은 앎과 실천이 분리되기 이전의 상태를 '양지'로 보았다. 따라서 앎은 실천 속에서만 완성된다. '치양지' 원리에 따르면 어려운 책을 읽고 연구하거나 지식을 습득하려고 애쓰지 않아도 된다. 그저 내면에 집중하고, 사적인 욕심을 버리며, 옳다고 판단하는 행위를 곧바로 실천으로 옮기면 성인의 경지에 이를 수 있다.

● 지행합일

'지행합일(知行合一)'은 앎과 행동이 둘이 아니라 원래 하나라는 뜻이다. 왕양명은 당시 사람들이 도덕적으로 옳은 것이 무엇인지 알게 된 뒤에도 제대로 실천하지 못하는 모습을 비판했다. 왕양명은 실천이 없는 앎은 진정한 앎이 아니라면서 진정으로 진리를 안다면 자연스럽게 행동으로 드러난다고 보았다.

● 만인성인설

　'만인성인설(萬人聖人說)'은 사람은 누구나 성인(聖人)이 될 수 있다는 평등사상이다. 왕양명은 모든 사람은 마음속에 하늘의 이치를 갖추고 있으므로, 누구나 위대한 성인이 될 수 있다고 생각했다. 평범한 사람은 이기적인 욕심으로 '양지'를 제대로 발휘하지 못하고 있으나, 마음의 어둠을 몰아내고 양지를 깨우면 위대한 인물이 될 수 있다는 것이다. 따라서 양명학은 사람은 모두 평등하다는 주장을 펼칠 수 있는 철학적 근거가 되었으며, 일반 백성의 폭넓은 지지를 받는 학문으로 자리매김할 수 있었다.

10

조선의 성리학

고려 말에 들어온 성리학은 조선 왕조의 통치 이념이자 사회 윤리의 기준이 되었다. 성리학자는 이(理)와 기(氣)의 개념을 바탕으로 인간 본성과 도덕적 실천 문제를 탐구하고 논쟁을 벌였다. 조선 후기에는 성리학이 현실과 동떨어진 문제를 비판하며 실학이 등장했고, 외세의 침략으로 혼란이 극심해진 19세기 중엽에는 새로운 세상을 꿈꾸는 동학이 탄생했다.

● 주리론

'주리론(主理論)'은 '이'를 법칙으로만 보지 않고 스스로 작용하는 정신적인 실체로 보는 이론이다. 퇴계 이황은 인간의 순수한 도덕 감정인 '사단'은 '이'에서 비롯하여 드러난 것이고, 감정인 '칠정'[4]

---

4 칠정(七情): 인간의 일곱 가지 감정으로 희(喜: 기쁨), 노(怒: 성냄), 애(哀: 슬픔), 락(樂: 즐거움), 애(愛: 사랑), 오(惡: 미움), 욕(欲: 욕심)을 의미한다.

은 '기'에서 비롯하여 드러난 것으로 보았다. 인간 감정은 '기'에서 비롯하지만 '이'가 늘 함께하며, 그 어떤 상태든 '이'의 원리가 작동한다고 생각했다. 주리론은 현실 문제보다는 인간 내면에 더 관심을 두고 도덕적인 실천을 지향했다.

● 주기론

'주기론(主氣論)'은 '이'를 순수한 법칙으로만 보고, 오직 '기'만 현실적으로 작용하고 움직인다고 보는 이론이다. 율곡 이이는 '사단'과 '칠정'은 모두 '기'에서 비롯하여 드러난 것이고, '이'가 거기에 법칙으로 참여한다고 생각했다. 이는 '이'와 '기'의 작용을 모두 인정하면서도 현실은 '기'의 주도 아래 움직인다는 점을 강조하는 견해다. 주기론은 '기'를 강조하기에 현실 문제를 해결하고 사회적인 실천을 강조한다.

● 사단칠정 논쟁

'사단칠정 논쟁'은 조선 성리학을 대표하는 주리론과 주기론 사이에 벌어진 사상 논쟁이다. 논쟁의 핵심은 감정이 발생하는 근원은 무엇이며 '이'와 '기'의 관계가 어떠한지에 대한 것이다. 사단칠정 논쟁을 거치며 '이'의 절대성을 강조하는 주리론과 '기'의 현실성을 강조하는 주기론이라는 두 흐름이 만들어졌으며, 어느 이론을 지지하느냐에 따라 학파뿐 아니라 정치 세력도 나뉘었다.

● 호락논쟁

'호락(湖洛)논쟁'은 사람과 사물의 본성이 같은지를 두고 벌인 논쟁이다. '호론(湖論)'은 인간과 사물의 본성이 다르다는 견해다. 즉, 인간에게만 도덕적 '이'가 온전히 갖추어져 있고, 사물은 '기'의 영향을 크게 받는다고 하면서 인간의 도덕적 우월성을 강조했다. 이 견해는 '이'를 체득한 사람과 그렇지 않은 사람을 구별하는 근거가 되었다. 따라서 '호론' 쪽 학자들은 조선의 엄격한 신분 질서를 옹호하고, 오랑캐인 청나라를 배척하는 경향이 강했다. '낙론'은 인간과 사물의 본성이 같다는 견해다. 즉, 모든 존재가 하나의 '이'를 공유하기에 모두 평등하다는 것이다. '낙론' 쪽 학자들은 평등을 지향했고, 실학에 간접적인 영향을 끼쳤다.

● 실학

'실학'은 조선 후기의 사회 경제적 모순을 극복하고 백성의 삶을 개선하려고 등장한 학문이다. 임진왜란과 병자호란 이후 사회가 혼란해지고 백성의 삶이 피폐해지자 실제 생활에 쓸모 있고 백성을 이롭게 하는 학문을 추구해야 한다는 움직임이 일어났다. 실학자는 토지 제도, 신분 제도, 상공업 등 조선 사회의 문제를 비판하고 새로운 대안을 제시했다. 실학은 연구 분야와 개혁 방향에 따라 세 가지 학파로 나눈다.

· 경세치용(經世致用) 학파: '경세'는 세상을 다스린다는 뜻이고, '치용'은 실제 쓸모를 이룬다는 뜻이다.

이 학파는 제도의 모순을 해결하여 무너진 사회 질서를 바로잡는 데 중점을 두었다. 주로 농업을 발전시키고, 토지 제도를 개혁하는 데 관심을 보였다.

· 이용후생(利用厚生) 학파: '이용'은 기구를 편리하게 쓴다는 뜻이고, '후생'은 백성의 생활을 풍요롭게 한다는 뜻이다.

이 학파는 상공업의 발전과 기술 혁신으로 백성의 물질적인 삶을 나아지게 하는 데 중점을 두었다. 청나라의 선진 문물을 적극적으로 받아들이고, 상공업의 발전에 필요한 다양한 정책을 펼쳐야 한다고 강조했다. 북학파로도 부른다.

· 실사구시(實事求是) 학파: '실사'는 사실에 근거한다는 뜻이고, '구시'는 진리를 탐구한다는 뜻이다.

이 학파는 사회가 혼란한 근본적인 원인이 현실을 제대로 보지 않고 공허한 논쟁만 벌이는 성리학에 있다 보고, 객관적인 관찰과 연구로 실질적인 지식을 얻는 것을 중요하게 여겼다. 이들은 고증학, 지리학, 역사학, 천문학 등을 연구하며 과학 발전에 기여했다.

● 정약용

‘정약용’은 경세치용 학파를 대표하는 실학자다. 정약용은 당시 농민들이 고통을 당하는 근본적인 원인이 토지의 불균등한 소유에 있다 보고 여전제, 정전제 등 토지 개혁 방법을 제시했다. 정약용은 『목민심서』, 『흠흠신서』 등에 백성을 위한 올바른 정치와 공정한 법 집행에 관한 내용을 담았다. 정약용은 주희의 성리학을 비판하며 인간 실천을 강조하는 이론을 정립했다. 그는 인간에게는 선을 좋아하고 악을 싫어하는 본성이 있기에 스스로 선을 행할 의지와 능력이 있다고 주장하며, 어려운 이론보다는 구체적인 실천과 사회 문제 해결에 중점을 두어야 한다고 강조했다.

● 홍대용

‘홍대용’은 이용후생 학파(북학파)를 대표하는 실학자다. 조선 사회의 폐쇄성을 비판하고 청나라의 발달한 문물을 적극적으로 받아들여야 한다고 주장했다. 홍대용은 청나라 학자들과 교류하며 기술, 과학, 상공업이 발전해야 백성의 생활이 나아진다는 사실을 깨달았다. 그는 조선 현실에 맞게 청의 발달한 제도와 기술을 선택적으로 받아들여 경제를 부흥시켜야 한다는 실용적인 태도를 취했다.

홍대용은 과학적인 세계관도 새롭게 펼쳤다. 그는 중국 중심의 세계관인 중화사상에서 벗어나 우주는 무한하며 지구는 그 안에 존재하는 수많은 행성 중 하나일 뿐이라는 ‘무한 우주론’을 제시했다. 특히 지구가 우주의 중심이 아니라 스스로 돈다는 '지구 자전설'도 주장했는데 이는 당시 조선에 큰 충격을 주었다. 이런 과학적 세계관은 국가 사이에는 우열이 없고 평등하다는 생각으로 이어져 다른 문명을 받아들이는 포용적인 자세를 취하는 밑바탕이 되었다.

● 최한기

'최한기'는 실사구시 학파를 대표하는 실학자다. 최한기는 '이(理)' 중심의 성리학에서 벗어나 우주 만물의 궁극적인 실재이자 유일한 근원은 '기'로 보고 '기' 중심의 철학 체계를 구축했다. 최한기의 철학에 따르면 '기'는 단순히 물질적 재료가 아니라, 끊임없이 생성하고 변화하는 능동적인 힘이다. 따라서 인간의 마음과 인식도 '기'의 작용이다. 최한기는 마음이 바깥의 '기'와 접촉하고 수용하는 과정에서 지식을 얻는다는 이론을 정립했는데, 이는 객관적인 사실과 실증적인 경험을 중시하는 서양의 경험론과 비슷한 철학이다. 최한기는 자연과학, 지리학, 의학 등 다양한 분야를 연구하며 실용적인 학문의 발전에 기여했다.

"고양이 액체설을 알아?"

태극기에서 다시 음성이 들렸습니다.

"미미를 보며 느꼈어. 미미가 때로는 마치 액체 같다는 걸. 이상한 공간에 들어가서 몸을 끼워 넣는 걸 보면 무척 신기했어."

"파르딘이란 과학자는 물리학의 한 분야인 유변학을 이용해서 고양이 액체설을 탐구했어. 유변학은 물질의 변형과 흐름을 연구하는 분야야. 그는 고양이가 상황에 따라 고체와 액체의 상태로 모두 존재할 수 있다는 논리를 제시했어. 액체는 담는 그릇의 모양에 맞게 형태가 변하지만 고체는 일정한 모양을 유지한다는 물리학의 정의를 바탕으로, 고양이가 어떤 형태의 공간에 들어가든지 그 모양에 맞추어 몸을 자유자재로 변형하는 능력을 액체의 특성과 연결 지은 거야. 이 주장의 핵심 근거는 '데보라 수'인데, 데보라 수는 물질이 변형되는 시간을 관찰 시간으로 나눈 값이야. 그 값이 1보다 크면 고체에 가깝고 1보다 작으면 액체에 가까운데, 관찰 시간이 충분히 길면 데보라 수가 1보다 작아져 고양이가 액체처럼 행동한다고 파르딘은 결론을 내렸어. 그러니까 고양이는 짧은 관찰일 때는 고체이지만, 길게 관찰하면 액체가 된다는 거야. 이런 성질을 지닌 물질을 점탄성 물질이라고 하는데 고양이에게 그와 비슷한 성질이 있다는 거지."

"그러니까 고양이는 고체이면서 동시에 액체인 성질이 있다는 거네. 태극처럼."

"양자 역학에는 슈뢰딩거의 고양이라는 유명한 예시가 있어. 양자

역학의 괴상한 점을 설명하는 예시인데, 관측하기 전까지 고양이는
살아 있으면서 동시에 죽은 상태가 중첩되어 있다는 거야. 이것도 태
극으로 설명할 수 있지.”

“무슨 말인지 알겠어. 행복은 불행과 맞물려 있고, 기쁨은 괴로움
과 맞물려 있고.”

태극기 크기가 점점 작아졌습니다.

“고양이의 귀여움을 즐기려면 귀찮은 일을 떠맡는 책임감이 필요
해. 사랑은 책임과 맞물려 있으니까.”

태극기는 원래 크기로 줄어들어 바람에 나부꼈고, 윤재와 윤지는
누가 먼저랄 것도 없이 바닥을 닦고 미미의 모래 화장실을 치웠습니다.

5부

사회의 규칙
: 법학

“그러니까 내가 용현이 조심하라고 했지?”

“조심했어. 그런데도 뒤통수를 쳤다고.”

윤지는 팔짱을 끼고 윤재를 노려보고, 윤재는 기가 죽어 고개를 푹 숙였습니다.

“그런 식으로 거짓 신고를 할 줄은 정말 몰랐어.”

“걔가 전에도 그랬단 소문 돌았다고 했잖아. 자기가 괴롭혀 놓고 마치 피해자인 척 신고해서 결국 상대방만 학교 폭력으로 처벌받고 강제 전학 당했다고. 그래서 다들 용현이를 멀리하니까 가까이하지 말라고 했는데…….”

“나도 내가 잘못한 거 아니까 그만 다그쳐.”

윤재가 짜증을 냈습니다.

“어떡할 거야?”

“어떡하긴, 증거를 잡아야지.”

“방법은 있고?”

윤재는 숨을 깊이 들이마셨다가 내뱉었습니다.

“걔가 덜렁거려도 그런 데서는 또 철두철미하대. 선생님들도 소문을 들었지만 어쩔 수가 없었던 이유가 그 때문이래. 증거가 명확하니까.”

윤재가 고개를 천천히 들었습니다. 그러더니 가방에 손을 넣었습니다.

“뭐해?”

윤재가 책을 한 권 꺼냈습니다.

“왜 그런지 모르지만 지금까지 우리한테 이상한 일이 몇 번 있었잖아.”

“그래서?”

“가만히 따져 봤지. 어떤 상황에서 이상한 일이 벌어졌는지.”

“그래서?”

“지금 나는 매우 곤란한 상황이야. 어쩌면 조건을 갖추었는지도 몰라.”

윤재의 손에는 ‘함무라비 법전’이라고 적힌 책이 들려 있었습니다.

때마침 용현이가 다가오는 것이 보였습니다.

“너 지금 그걸 믿고 용현이를?”

윤재가 고개를 끄덕였습니다.

“안 되면 어쩌려고?”

“그건 몰라. 어쨌든 믿어야지. 믿지 않으면 현재는 방법이 없으니까.”

윤재는 『함무라비 법전』을 꼭 쥐더니 슬쩍 놓았습니다.

“부탁할게. 이제껏 왜 그런 이상한 일이 우리한테 벌어졌는지 모르겠지만, 지금이야말로 내게 그 일이 일어날 때야.”

용현이가 점점 가까이 다가왔습니다. 『함무라비 법전』에서는 아무런 반응이 없었습니다.

“뭐냐? 가해자가 피해자를 이렇게 막 불러도 되냐?”

용현은 윤지를 힐끗 쳐다보며 거들먹거리는 말투로 말했습니다.

그때였죠. 갑자기 주변이 어두워지며 『함무라비 법전』이 두둥실 떠올랐습니다.

윤지는 눈을 크게 떴고, 윤재는 빙그레 웃었습니다.

1

법의 기본 원리

● 법실증주의

　'법실증주의'는 도덕이나 정의처럼 가치가 아니라 사회적으로 인정된 절차에 따라 제정되면 법이 유효하다고 보는 법 이론이다. 실정법[1]만 참된 법으로 간주하며, 법과 도덕의 관계를 분리한다. 따라서 법 내용이 부당하더라도 정해진 절차를 거쳐 성립한 법은 유효한 법으로 인정한다.

● 자연법

　'자연법'은 보편적으로 타당하며, 인간 이성이나 자연 질서에 근거하는 법이다. 자연법 이론에 따르면 법은 자연법을 근원으로 삼아야 한다. 따라서 법과 도덕 사이에는 필연적으로 연결 고리가 있으며,

---

1　실정법: 현실에서 제대로 시행되고 있는 법을 의미한다.

실정법이 정의롭지 못하거나 도덕 원칙에 어긋나면 법으로 인정해서는 안 된다.

● 법 현실주의

'법 현실주의'는 법을 '법전 속의 법'이 아니라 '실재 속의 법'으로 이해하는 법 원리다. 법 현실주의는 법의 사회적 기능과 현실적인 효과를 중요하게 여긴다. 법 현실주의에 따르면 법관의 심리, 사회적 배경, 정치적 지향 등 비법률적인 요소들이 법의 적용과 판결에 큰 영향을 미친다.

● 법적 안정성

'법적 안정성'은 법 내용이 명확하고 예측 가능하여 사람이 자신이 한 행위에 따른 법적 결과를 신뢰할 수 있게 하는 원칙이다. 법적 안정성이 있어야 법이 사회 질서를 제대로 유지할 수 있다.

● 법은 최소한의 도덕

'법은 최소한의 도덕'은 독일의 법철학자 게오르크 옐리네크가 한 말로 사회 질서를 유지하려면 법이 필요하며, 도덕 중에서 가장 기본적으로 지켜야 할 최소한의 규범이 법이란 의미다. 따라서 법을 지키는 것은 사회에 속한 사람이 지켜야 할 기초적인 의무다.

● 법 해석

 ‘법 해석’은 추상적이고 일반적인 법의 문구를 구체적인 사건이나 상황에 적용하려고 그 의미와 내용을 명확히 밝히는 과정이다. 법 해석으로 법의 모호한 점을 해소하고, 법에 담긴 입법자의 의도나 법의 목적을 명확히 하여 법이 제대로 기능하게 한다.

● 법 적용

 ‘법 적용’은 법 해석을 바탕으로 구체적인 사건에 법을 적용하여 판단을 끌어내는 과정이다.

● 법익 형량

 ‘법익 형량’은 법을 적용할 때 여러 가지 법적 이익이나 가치가 충돌할 경우 어떤 것을 우선할지 비교하고 결정하는 과정이다. 예를 들어 생명 보호와 재산권이 충돌하면 재산권보다 생명 보호 가치를 우선한다.

● 기판력

 ‘기판력’이란 확정된 판결 내용에 대해 소송 당사자와 법원 모두가 구속되는 효력을 의미한다. 판결이 확정되면 그 판결에서 판단한 것과 동일한 내용으로는 당사자가 다툴 수 없으며, 법원도 그 판단과 모순되거나 어긋나는 판단을 할 수 없다. 기판력은 분쟁이 계속 반복

되는 것을 막고, 법 안정성을 확보하는 데 중요한 기능을 한다.

● 법원

‘법원(法源, source of law)’은 ‘법의 근원’이란 뜻으로 법이 어떤 형식
으로 존재하는지, 법규범은 어디에서 유래했는지 가리키는 말이다.
재판하는 기관인 법원(法院, Court)과는 다른 말이다. ‘법원’은 판사나
법률가가 어떤 사건을 판단할 때 적용할 법의 존재 형식으로 크게 성
문법과 불문법으로 나뉜다.

- 성문법: 입법 기관이 정식 절차를 거쳐 문서 형태로 제정한 법
규범이다.
  - 헌법: 국가의 최고법
  - 법률: 입법 기관인 국회에서 제정하는 법규범
  - 명령·규칙: 법률에서 위임한 범위 안에서 행정부나 대법원
  등에서 제정하는 하위 법규범
  - 자치 법규: 지방자치단체에서 제정하는 법규범
  - 조약: 국가 간에 합의한 문서로, 적법하게 체결하고 공포된
  조약은 국내법과 효력이 동일
- 불문법: 문서 형태로 존재하지 않지만, 사회적 관행이나 재판의
축적 등으로 법적 효력을 인정받는 법규범이다.
  - 관습법: 오랜 기간 사회적으로 반복된 관행 중에서 사람들이

법적으로 옳다고 보고 법규범으로 승인한 것

- 판례법: 법원의 판결, 특히 상급 법원인 대법원에서 확정된
  판결이 그 뒤에 일어난 비슷한 사건의 재판에서 판단 기준이
  되는 경우
- 조리(條理): 사물의 이치, 정의, 공평 등 본질적 법칙이나 합리
  성을 의미하며 성문법이나 관습법이 없을 때 적용되는 보충
  적인 법원(法源)

● 법률 구제

'법률 구제'는 공권력이나 타인의 행위로 국민의 정당한 권리나 이
익이 침해되었을 때 이를 회복하고 보호받고자 법으로 해결하는 것
을 의미한다. 법치주의 국가에서 국민 기본권을 보장하는 핵심적인
제도로 법률 구제에는 침해당한 권리를 되돌리고, 발생한 손해에 대
해 금전적인 보상을 받으며, 위법적인 상태를 제거하는 것 등이 있다.

법의 이념과 원칙

● 법 이념

'법 이념'은 법을 통해 궁극적으로 실현하고자 하는 이상적인 가치나 법의 존재 목적이다. 법 이념으로 실정법을 평가하고, 법이 나아갈 방향을 제시한다. 법 이념에는 세 가지 기준이 있다.

- 정의: 법이 추구하는 최고의 가치로 법은 정의를 실현해야 한다.
- 합목적성: 법은 시대와 사회가 원하는 목적에 맞게 만들고 운영해야 한다.
- 법적 안정성: 법 내용이 명확하고 안정적으로 유지되어야 국민이 법을 신뢰하고 안심하며 생활할 수 있다.

● 법률 불소급의 원칙

'법률 불소급의 원칙'은 새로 제정되거나 개정된 법률은 그 시행

이전에 이미 완전히 종료된 과거의 사실이나 법률관계에 소급[2]하여 적용될 수 없다는 원칙이다. 이는 국민이 행위를 할 당시의 법률에 근거해서 자신의 행동을 계획하고 예측할 수 있도록 보장하여 법적 안정성을 실현하는 핵심 원리다. 다만 과거에 시작되었으나 아직 완료되지 않았거나, 새로운 법이 국민에게 더 유리한 경우에는 소급 적용이 가능하다.

● 죄형 법정주의

'죄형 법정주의'는 '법률이 없으면 범죄도 없고 형벌도 없다'는 원칙이다. 어떤 행위가 범죄이며 어떻게 처벌할지 국회에서 제정한 법률로 미리 명확하게 규정해야 한다는 형법의 대원칙이다. 이 원칙은 국가 권력이 마음대로 국민을 처벌하는 것을 막고, 국민의 자유와 권리를 보장하며, 국민이 자기 행위에 대한 결과를 미리 예측할 수 있도록 법적 안정성을 제공하는 것이 목적이다.

● 적법 절차의 원칙

'적법 절차의 원칙'은 국가가 국민의 자유와 권리를 제한할 때, 법률에 근거할 뿐만 아니라 그 절차도 정당해야 한다는 원칙이다. 예를

---

2 소급: 지난 일까지 거슬러서 영향을 끼치는 것이다.

들어 범죄 용의자를 체포할 때도 '미란다 원칙'[3]을 알려 주는 등 절차를 반드시 지켜야 한다.

● 평등의 원칙

'평등의 원칙'은 모든 국민은 법 앞에 평등하며, 합리적인 이유 없이 차별받지 않아야 한다는 원칙이다. 같은 것은 같게 다루고, 다른 것은 다르게 다루어야 한다는 법의 가장 큰 원칙이다.

● 비례의 원칙

'비례의 원칙'은 국가가 공익을 위해 국민의 기본권을 제한할 때 그 제한은 최소한에 그쳐야 하며, 사용한 수단과 달성하려는 목적 사이에 적절한 균형이 있어야 한다는 원칙이다. '과잉 금지의 원칙'이라고도 한다.

● 신뢰 보호의 원칙

'신뢰 보호의 원칙'이란 국민이 국가의 공적인 약속이나 법 규정을 신뢰하고 이에 맞게 행동했다면 국가는 그 신뢰를 저버리는 행위를 해서는 안 된다는 원칙이다. 법률 불소급의 원칙과 기능이 비슷하며 법적 안정성에 기여한다.

---

3 미란다 원칙: 피의자를 체포할 때 변호인 선임권과 진술 거부권 등 피의자 권리를 반드시 알려야 하는 것이 원칙이다.

● 국민의 권리

대한민국 헌법은 국민이 인간으로서 존엄을 지키고, 행복하게 살 권리를 보장하고자 다양한 기본권을 보장한다.

- 자유권: 국민은 국가의 간섭 없이 자유롭게 생활할 권리가 있다(신체의 자유, 거주ㆍ이전의 자유, 직업 선택의 자유, 언론ㆍ출판ㆍ집회ㆍ결사의 자유, 종교의 자유, 사생활의 비밀과 자유).
- 평등권: 국민은 법 앞에서 차별받지 않고 똑같이 대우받을 권리가 있다(법 앞의 평등, 성별ㆍ종교ㆍ사회적 신분 등에 의한 차별 금지).
- 사회권: 국민은 인간다운 생활을 국가에 요구할 수 있는 권리가 있다(교육을 받을 권리, 근로의 권리, 인간다운 생활을 할 권리, 환경권, 보건권).
- 참정권: 국민은 국가의 정치적 의사 형성에 참여할 수 있는 권리가 있다(선거권, 공무 담임권, 국민 투표권).
- 청구권: 국민은 기본권이 침해되었을 때 국가에 구제를 요구할 수 있는 권리가 있다(재판 청구권, 청원권, 국가배상 청구권, 형사보상 청구권, 범죄피해자 구조 청구권).

3
법의 적용

● 실체법

'실체법'은 권리와 의무의 내용을 직접적으로 규정하는 법이다. 민법, 형법처럼 누구에게 어떤 권리가 있는지, 어떤 의무를 지는지 직접적으로 정해 놓은 법이 실체법이다.

● 절차법

'절차법'은 실체법에 있는 권리나 의무를 현실에서 실현하는 데 필요한 과정과 방법을 정한 법이다.

민사소송법, 형사소송법은 소송을 진행하는 방식을 정한 법인데, 이런 법을 통해 공정한 법 집행이 보장된다.

● 강행 규정

'강행 규정'은 당사자 의사와 관계없이 반드시 지켜야 하는 법규다. 법규 중에서 주로 공공의 이익이나 사회 질서 유지를 위한 법규가 강행 규정이다.

예를 들어 최저 임금은 강행 규정으로, 사장과 노동자가 최저 임금보다 적은 임금으로 계약했다고 하더라도 사장은 반드시 최저 임금을 지급해야 한다.

● 임의 규정

'임의 규정'은 당사자가 법과는 다르게 합의해도 되는 규정이다. 임의 규정은 법이 미리 정해 둔 일종의 '기본적인 규칙'으로 당사자가 합의하면 얼마든지 변경할 수 있다.

● 고지

'고지(告知)'는 행정 기관이나 법률 관계의 당사자가 어떤 사실이나 권리, 의무 등을 상대방에게 알려 주는 행위다.

예를 들어 행정 기관이 과태료를 부과하면서 "처분에 불만이 있으면 90일 안에 행정 심판을 청구할 수 있다."라고 알려 주거나 법원이 "재판의 절차가 이러저러하다."라고 알려 주는 것을 '고지'라고 한다.

● 공시

‘공시(公示)’는 어떤 중요한 사실이나 정보를 일반 대중에게 널리 공개하여 누구나 알 수 있도록 하는 제도다.

예를 들어 부동산을 샀으면 ‘등기부 등본’에 등록하여 누구나 알 수 있도록 하고, 주식회사가 회사에 중요한 변동이 있으면 이를 널리 알리는 것이 ‘공시’다. ‘고지’가 특정한 상대방에게 알린다면, ‘공시’는 공개적으로 널리 알린다.

● 관보

‘관보(官報)’는 법률, 대통령령, 조약, 인사 발령 등 중요 사항을 공식적으로 국민에게 알리려고 정부가 발행하는 공적인 신문이다.

관보는 법이 국민에게 공식적으로 알려지는 유일한 경로이기에 법이 공포된 기준점이 되며, 관보에 실리는 날부터 법적인 효력이 발생한다.

● 소송

‘소송(訴訟)’은 서로 법적인 갈등이 벌어지거나 권리가 침해당했다고 판단했을 때 자력 구제[4]가 아니라 공권력(법원)의 힘을 빌려 문제

---

4 자력 구제: 자기 힘으로 법적인 문제를 해결하는 것이다. 예를 들어 범죄 피해자가 공권력이 아니라 자기 힘으로 범죄자를 처벌하거나, 돈을 빌려준 사람이 물리력을 사용해서 돈을 되돌려 받는 것 등이 자력 구제다. 법치주의 사회에서는 자력 구제를 금지한다.

를 해결하고 법률 관계를 명확히 하는 절차다.

소송에는 개인끼리 분쟁을 해결하는 민사소송, 범죄자를 처리하는 형사소송, 행정 기관을 대상으로 제기하는 행정소송 등이 있다.

- 민사소송은 당사자 사이에서 재산권이나 권리·의무에 관한 분쟁을 해결하고 손해를 배상하거나 권리를 구제하는 것이 목적인 소송이다. 민사소송에서 '원고'는 소송을 제기하는 주체고, '피고'는 소송을 당한 대상이다.
- 형사소송은 개인의 행위가 형법 등 국가 법률을 위반한 범죄인지 아닌지를 판단하고, 유죄가 인정될 경우 국가가 처벌하는 절차다. 검사는 국가를 대신해서 범죄 혐의자에게 처벌을 요구하는 주체고, 피고인은 형사재판을 받는 대상이다.
- 행정소송은 국가나 지방자치단체 같은 행정청이 행한 공적인 처분 때문에 국민이 권리나 이익을 침해당했을 때 법원에 그 위법성을 다투어 구제를 받는 소송이다. 다시 말해 국민이 국가를 상대로 싸우는 재판이다. 행정소송의 원고는 피해를 당한 개인이나 법인이며, 피고는 해당 행정청이다.

구분	민사소송	형사소송	행정소송
당사자	· 원고: 개인/법인 · 피고: 개인/법인	· 검사: 국가 · 피고인: 범죄 혐의자	· 원고: 개인/법인 · 피고: 행정청

목적	· 권리 구제,
	  손해배상
	· 법적 관계 확정
		· 범죄 유무 판단
		· 처벌(형벌) 부과
			· 위법한 행정
			  처분 취소
			· 국민 권익[5] 구제

결과	· 돈 지급,
	  계약 이행
	· 권리 확정 등
		· 징역, 벌금,
		  무죄 등
		· 형벌의 유무
			· 처분 취소
			· 무효 확인 등

● 재판

대한민국 사법부는 3심제로 국민에게 재판 기회를 세 번 보장한다. 1심은 지방법원에서 하며 사실 관계를 확인하고 법을 적용하여 판단한다. 2심은 고등법원에서 하며 1심의 판결이 적절했는지 다투고, 사실 관계를 확인하고 법률을 검토하여 판단한다. 3심은 대법원에서 하며 2심 판결에서 법률을 제대로 해석했는지 최종적으로 판단하며, 사실 관계는 판단하지 않는다. 법원 중에는 특정한 전문 분야를 다루는 전문법원이 있는데 가정법원(이혼, 상속, 소년 보호 사건의 1심), 행정법원(행정소송 1심), 특허법원(특허 및 지식재산권 관련 사건의 2심)을 담당한다.

---

5 권익: 권리와 그에 따른 이익이다.

다음은 재판에서 사용하는 용어다.

- 청구: 소송을 제기한 사람이 법원에 '내가 원하는 것을 이렇게 해결해 달라'고 공식적으로 요구하는 것
- 변론: 소송 당사자가 재판에 출석하여 자신의 주장과 증거를 제시하고 상대방 주장을 반박하는 절차
- 판결: 법원이 소송 절차를 거쳐 최종적으로 결정을 내리는 판단
- 승소: 소송에서 자신이 주장한 내용대로 법원에서 유리한 판결을 얻어 이기는 것
- 상소: 법원의 판단에 불복하여 상급 법원에 다시 재판을 요구하는 행위
- 항소: 제1심 법원의 판결에 불복하여 제2심 법원에 다시 심리를 청구하는 절차
- 상고: 제2심 법원의 판결에 불복하여 최종심인 대법원에 재판을 청구하는 절차
- 확정 판결: 더 이상 소송으로는 다툴 수 없어 법적으로 최종 확정된 판결
- 각하: 소송이나 신청이 법률이 정한 요건을 갖추지 못했다고 판단하여 아예 심리를 진행하지 않고 배척하는 결정이다. 소송할 적법한 조건이 갖추지 않아 내용을 볼 필요도 없다고 판단한 것이다.

· 기각: 소송이나 신청의 내용이 이유가 없다고 판단하여 청구를 받아들이지 않는 결정이다. 소송 요건은 갖추었으나 본 심리에서 진 것이다. 소송할 만한 적법한 조건은 갖추었지만 내용을 살펴보니 받아들일 이유가 없다고 판단한 것이다.

● 헌법재판소

'헌법재판소'는 헌법의 최종 수호자로 법률이 헌법에 위배되는지 심사하고, 고위공직자를 탄핵하거나 정부의 정당 해산 요구가 정당한지 결정하고, 국가 기관 사이의 권한을 두고 발생한 분쟁을 심판한다. 국가의 공권력으로 헌법에 보장한 기본권이 침해당할 경우 국민은 기본권을 구제해 달라고 헌법소원 심판을 청구할 수 있다. 또 재판의 기준이 되는 법률이나 법 조항이 헌법에 위배되는지 확인하려고 재판부가 위헌 법률 심판을 제청할 수 있다.

4

민법 1

● 민법

'민법'은 공적인 영역이 아니라 사적인 영역에서 재산, 가족 등 관계를 정한 법이다.

● 권리 능력

'권리 능력'이란 민법에서 재산권, 채권 같은 권리와 의무의 주체가 될 수 있는 자격을 의미한다. 권리 능력은 자연인과 법인만 가진다.

- 자연인: 개별 사람을 의미한다. 민법에는 '사람은 생존하는 동안 권리와 의무의 주체가 된다'고 함으로써 살아 있는 모든 사람은 성별, 연령, 능력과 관계없이 평등하게 권리 능력을 가진다고 정해 놓았다.

· 법인(法人): 법률에 의해 인격이 부여된 단체를 의미한다. 법인은 자연인과 마찬가지로 재산을 소유하거나 계약을 체결하며 법적 권리를 행사하고 의무를 진다.

구분		특성
목적에 따라	영리법인	돈을 벌 목적으로 만든 법인(이익 추구)
	비영리법인	공익적인 목적으로 만든 법인(이익을 분배할 수 없음)
실체에 따라	사단법인	사람으로 구성된 단체(영리법인, 비영리법인 다 가능)
	재단법인	재산으로 구성된 단체(비영리법인만 가능)

● 권리 주체

'권리 주체'는 법률에서 권리와 의무의 자격이 인정되는 존재다. 민법에서는 자연인(개인)과 법인이 권리 주체다.

● 권리와 의무

'권리'는 법적으로 보호받고, 이익을 누릴 수 있는 힘이나 자격이다. '의무'는 법률에 따라 반드시 해야 하거나 하지 말아야 하는 구속이 있는 상태다. 권리가 있으면 의무를 진 대상에게 법률에 명시된 대로 일정한 행위를 요구할 수 있다. 권리와 의무는 대응하는 개념으로 서로 법률관계를 형성한다.

● 법률관계

'법률관계'는 법에 의해 규율되는 관계로 주로 권리와 의무의 형태로 나타난다. 법률관계가 형성되면 법적인 구속력이 생기며 권리를 지닌 주체와 의무를 지닌 대상 사이에서 법률관계가 형성된다.

● 신의성실의 원칙

'신의성실의 원칙'은 법률관계 당사자가 상대방의 신뢰를 저버리지 않고 성실하게 권리를 행사하고 의무를 이행해야 한다는 원칙이다. 민법에서 최고의 원칙이며 줄임말로 '신의칙'이라고 한다.

● 권리남용 금지의 원칙

'권리남용 금지의 원칙'은 오직 타인에게 손해를 입힐 목적이거나 사회 질서에 반하는 권리일 경우 그 권리의 행사를 허용하지 않는다는 원칙이다. 신의성실의 원칙과 함께 권리 행사의 한계를 정하는 원칙이다.

● 권리남용

'권리남용'은 권리를 행사한 것이 정당한 범위를 벗어나 사회적 타당성을 잃은 것이다. 권리남용은 법적인 보호를 받지 못한다.

● 공증

‘공증(公證)’은 특정한 사실이나 법률 행위의 존재를 공적인 기관인 법원이나 공증인이 증명해 주는 행위다. 공증을 해 놓으면 법적인 안정성이 확보되어 나중에 분쟁이 발생하는 것을 예방할 수 있다.

● 법률 행위

‘법률 행위’는 원하는 대로 법적 효과를 발생시키려고 하는 법률적 행위다. 법률 행위를 하려면 ‘의사 표시’를 반드시 해야 한다.

● 의사 표시

‘의사 표시’는 일정한 법률 효과의 발생을 목적으로 본인 의사를 외부로 표현하는 행위다. 법률 행위를 하려면 반드시 의사 표시가 있어야 한다.

● 계약

‘계약’은 당사자 여럿이 서로 합의하여 법적 구속력을 발생시키는 법률 행위다. 매매, 임대차 등 대부분의 거래는 계약으로 성사된다. 계약은 당사자끼리 제안과 승낙으로 의견이 일치하면 성립된다. 따라서 서면이 아니라 말로 합의한 구두 계약도 법적으로 유효한 효력이 있다. 다만 구두 계약이 유효하려면 그러한 계약이 있었다는 사실을 당사자가 증명해야 한다.

● 위임

'위임'은 어떤 법적인 당사자가 다른 사람이나 법인에게 특정한 법률적 행위를 맡기는 계약이다. 일의 처리를 맡으면 그 행위에 관한 한 당사자를 대리하는 권한이 생긴다.

● 대리

'대리'는 당사자가 아닌 다른 사람이나 법인에게 법률 행위를 맡겨서 법적인 효과가 직접 본인에게 미치게 되는 제도다.

● 무효

'무효'는 법률 행위가 법이 정한 요건을 갖추지 못하여 처음부터 아무런 법적 효력이 발생하지 않는 것이다.

● 취소

'취소'는 일단 유효하게 성립한 법률 행위의 효력을 특정한 사유를 근거로 하여 무효로 되돌리는 제도다. 예를 들어 집을 사기로 계약했는데 집에 중대한 문제가 발견되었다면 계약을 무효로 되돌릴 수 있다. '취소'는 정당한 사유가 있어야 하는데 행위 능력이 부족한 사람이 법정대리인의 동의 없이 계약하거나, 본인의 과실이 없음에도 계약 내용에 중요한 착오가 있거나, 계약 상대가 속임수를 썼거나, 협박을 당한 경우에는 취소할 수 있다.

● 행위 능력

‘행위 능력’은 단독으로 유효한 법률 행위를 할 수 있는 법률상의 능력을 의미한다. 예를 들어 성인은 법률 행위를 단독으로 하는 행위 능력이 있지만, 미성년자가 법률 행위를 하려면 법정대리인의 동의를 얻어야 한다. 행위 능력이 없는 사람을 제한능력자(미성년자, 피성년후견인, 피한정후견인)라고 하며, 이들이 법정대리인의 동의 없이 단독으로 한 법률 행위는 취소할 수 있다. 즉, 취소권자(제한능력자 본인 또는 법정대리인)가 취소권을 행사하기 전까지는 일단 유효하지만 취소하면 처음부터 무효가 된다.

● 의사 능력

의사 능력이란 자기 행위의 의미나 결과를 합리적으로 예견할 수 있는 정신적인 능력이나 지능을 의미한다. 의사 능력은 민법에 명확한 규정은 없으나, 모든 법률 행위가 유효하기 위해 당사자에게 요구하는 가장 기본적인 능력이다. 의사 능력의 유무는 행위자의 연령, 지능, 정신 상태, 구체적인 법률 행위의 종류와 난이도를 고려하여 개별적으로 판단한다. 이 의사 능력이 없는 상태에서 법률 행위를 한 경우(의사 무능력) 무효가 된다.

5

민법 2

● 재산

'재산'은 금전적 가치가 있는 물권, 채권 등 모든 권리와 의무를 의미한다. 민법에서는 재산상의 권리를 물권과 채권으로 구분한다. 물권은 물건을 직접적이고 배타적으로 지배하여 이익을 얻는 권리이며, 채권은 특정인에게 일정한 행위(급부)를 청구할 수 있는 권리다.

● 물권

'물권'은 어떤 물건을 직접적으로 지배하여 사용하거나 처분하여 이익을 얻을 수 있는 권리다. 물권 대상이 되는 물건에는 토지와 건물처럼 이동이 불가능한 재산인 '부동산'과 자동차나 가구처럼 이동이 가능한 재산인 '동산'이 있다. 물권 종류에는 소유권, 점유권, 제한물권이 있다.

- 소유권: 법이 허용하는 범위 안에서 소유자가 전적으로 물건을 사용하고, 이익을 보고, 처분할 수 있는 권리
- 점유권: 현재 물건을 사실상 지배하고 있는 상태를 인정하는 권리
- 제한물권: 소유권을 일부 제한하는 물권으로 용익물권과 담보물권으로 나눔

● 채권

'채권'은 채무 관계에 따라 채권자가 채무자에게 일정한 행위나 급부를 해 줄 것을 요구하는 권리다.

- 채무: 권리가 있는 사람에게 일정한 행위나 급부를 해 주어야 할 의무
- 채권자: 채권을 가진 사람으로 채무자에게 일정한 행위를 요구할 수 있는 지위에 있는 사람
- 채무자: 채무를 부담하는 사람으로, 채권자에게 일정한 행위를 이행해야 할 의무가 있는 사람

● 용익물권

'용익물권'은 제한물권의 하나로 타인의 부동산을 사용하고 수익을 얻을 수 있는 권한이다. 지상권, 지역권, 전세권이 있다.

- 지상권: 타인의 토지에 세운 건물이나 나무, 작물 등을 소유하려고 그 토지를 사용하는 권리다. 토지는 타인의 소유이지만 그 위에 들어선 건물이나 농작물에 대한 물권을 갖는다.

- 지역권: 자기 토지의 이용 가치를 높이려고 타인의 토지를 이용하는 권리다. 자기 토지에서 공공도로로 나가려고 다른 사람의 토지 일부를 통행로로 이용하거나, 조망권[6]이나 일조권[7]을 확보할 수 있게 다른 사람의 토지에 특정한 조건의 건물을 짓지 못하게 하는 권리 등이 있다.

- 전세권: 전세금을 지급하고 타인의 부동산을 용도에 따라 사용할 수 있는 권리다.

● 담보물권

'담보물권'이란 채권자가 돈을 빌려줄 때 나중에 갚지 못할 경우를 대비하여 미리 채무자의 재산을 묶어 두는 권리다. 채무자가 채무를 불이행하면 담보로 잡은 물건을 경매 등으로 처분하여 채권을 회수할 수 있도록 보장하는 것이 담보물권이다. 담보물권에는 유치권, 질권, 저당권이 있다.

- 유치권: 타인의 물건을 점유하면서 채권을 변제받을 때까지 유

---

6 조망권: 외부의 경치를 바라보면서 행복과 기쁨 등 이익을 얻을 권리다.

7 일조권: 자기 집에 햇빛이 충분히 들어오는 것을 방해하는 건물은 짓지 못하게 하는 권리다.

치[8]할 수 있는 권리

- 질권: 채권을 받아 내는 담보[9]로 채무자의 동산이나 재산권을 받아 점유하는 권리
- 저당권: 채무자가 담보로 제공한 부동산을 점유하지 않고, 채무 불이행 시 경매를 통해 남들보다 우선해서 변제[10]를 받을 수 있는 권리

● 등기

'등기'는 부동산의 권리관계(소유권, 저당권 등)를 국가 책임 아래 등기부에 등록하여 일반인에게 공시하는 제도다. 등기를 보면 땅이나 건물의 주인이 누구인지, 빚이 얼마인지 등을 알 수 있다. 부동산 거래를 했을 때는 반드시 등기를 해야 부동산 소유자로 인정받는다.

● 채무 불이행

'채무 불이행'은 채무자가 자기 채무를 제대로 이행하지 않는 경우다. 채무를 불이행하면 채무자는 채권자에게 손해배상 책임을 진다. 채무를 불이행하면 계약을 해제할 수 있다.

---

8 유치: 물건을 넘겨주는 것을 거절하고 붙잡아 둔다.

9 담보: 돈을 빌려주거나 어떤 계약을 할 때 상대방이 나중에 약속을 지키지 않더라도 손해를 보지 않도록 확보해 두는 수단이다.

10 변제: 빚을 갚은 것이다.

● 손해배상

'손해배상'은 불법 행위나 채무 불이행으로 타인에게 소해를 입혔을 경우 금전 등으로 갚아 주는 것이다.

● 불법 행위

'불법 행위'는 고의나 과실로 타인에게 손해를 입히는 행위다. 본인의 불법 행위로 타인이 손해를 입었기에 손해배상 책임을 져야 한다.

● 소멸시효

'소멸시효'는 권리자가 자신의 권리를 법이 정한 기간 안에 행사하지 않으면 그 권리가 사라지게 되는 제도다. 소멸시효가 없으면 무한정 권리관계가 늘어져 사회적 혼란이 지속될 수 있기에 적절한 기간을 정해서 권리가 사라지게 하는 소멸시효 제도를 둔 것이다.

6

형법

● 형법

'형법'은 어떤 행위가 범죄이며, 그 범죄에 대해 어떤 형벌을 내릴 것인지 정해 놓은 법률이다. 형법은 국가가 범죄를 처벌하는 권한을 행사하는 근거가 된다.

● 죄형 법정주의

'죄형 법정주의'는 죄와 형벌은 미리 법률로 정해 두어야 한다는 형법의 대원칙이다. 죄와 형벌을 미리 법으로 정해 두지 않으면 권력자가 마음대로 국민의 권리를 침해할 수 있다. 따라서 어떤 행위를 범죄로 보고 처벌하려면 반드시 미리 명확한 법조문을 제정해 두어야 한다.

● 범죄

‘범죄’는 형법이 정한 구성 요건에 해당하고, 위법성이 있으며, 책임이 인정되는 행위를 의미한다.

● 범죄의 구성 요건

‘범죄의 구성 요건’은 어떤 행위가 범죄에 해당하는지 그 요건을 정한 것이다. 구성 요건에는 객관적 요소와 주관적인 요소가 있다. 객관적인 요소는 겉으로 보이는 행동과 결과를 의미하고, 주관적인 요소는 행위자가 범죄를 하려고 하는 의도나 목적 등을 살피는 것이다. 어떤 행위가 범죄가 되려면 객관적 요소와 주관적 요소를 모두 충족해야 한다. 예를 들어 절도죄가 성립하는 객관적 요소는 남의 물건을 몰래 훔치는 것이고, 주관적 요소는 돌려줄 생각이 없이 내 것처럼 쓰거나 팔려는 의도가 있어야 한다. 폭행죄는 다치게 할 의도로 다른 사람의 몸에 위력을 가하는 것이다. 주먹을 휘둘러서 때려도 폭행죄이지만, 위협적인 말이나 행동으로 정신적인 고통을 가하는 것도 폭행죄에 해당한다.

● 범죄 의도

범죄의 구성 요소에는 행위자의 주관적인 의사가 어떠한지도 판단해야 한다. 예를 들어 일부러 사람을 죽인 자와 실수로 사람이 죽게 한 자를 동일하게 처벌하면 안 된다. 범죄 의도에는 고의, 미필적 고의, 과실이 있다.

- 고의: 범죄를 저지를 때 그 결과를 분명히 바라고 그 목적을 실현하려고 행위를 저지르는 것이다. 죽기를 바라고 칼로 찔렀다면 고의적인 살인 행위다.
- 미필적 고의: 결과가 발생할 것을 알면서도 '상관없다'고 생각하고 범죄를 저지르는 것이다. 즉, 결과를 적극적으로 바란 것은 아니지만, 발생해도 괜찮다고 받아들이고 범죄를 저지른 것이다. 예를 들어 사람이 있는 건물에 불을 지르면 화재로 사람이 죽을 수도 있음을 알면서도 그 행위를 했다면 미필적 고의에 해당한다.
- 과실: 결과가 발생할 가능성을 인식하지 못하거나 인식했지만 일어나지 않는다 확신하고 부주의하게 행위한 것이다.

미필적 고의와 과실은 구별이 쉽지 않지만 미필적 고의가 인정되면 법적으로는 고의로 범죄를 저지르는 것과 동일하게 처벌된다. 과실 범죄는 형량이 낮아진다.

● 위법성

'위법성'은 어떤 행위가 '법을 위반했다'는 사실뿐 아니라 그 행위가 권리를 침해하고 법이 추구하는 가치를 훼손하는지 여부를 판단하는 것이다. '범죄의 구성 요건'에 해당하는 행위는 대부분 '위법성'이 있다고 판단하지만, 정당방위나 긴급 피난처럼 '위법성 조각 사유'가 있다면 그 행위의 위법성이 사라지고 적법한 행위로 인정된다.

● 위법성 조각 사유

'위법성 조각 사유'는 겉으로는 범죄의 구성 요건에 해당하지만, 실제로는 법 질서 전체의 관점으로 판단해서 위법성이 없어지게 하는 특별한 사유다. 대표적인 예시가 정당방위나 긴급 피난이다.

- 정당방위: 현재에 자기나 타인의 법익이 부당하게 침해당하는 것을 막고자 취하는 방어 행위다. 예를 들어 범죄자가 저지른 폭행에 다치지 않으려고 저항하면서 범죄자를 때렸다고 하자. 이 경우 범죄자를 때리는 행위는 '폭행'에 해당하지만 그 의도가 불법에 맞서 자신을 보호하는 정당방위이므로 '위법성 조각 사유'에 해당하여 적법한 행동이 된다.
- 긴급 피난: 덜 중요한 이익을 희생시켜 더 중요한 이익을 보호할 때 성립하는 위법성 조각 사유다. 예를 들어 갑자기 달려드는 맹견한테서 몸을 지키려고 길가에 세워진 자전거를 던져 맹견을 쫓아냈다고 하자. 이 경우 자전거 주인의 재산을 훼손하는 행위를 했지만, 자신의 안전과 생명이라는 더 큰 가치를 지키려는 행동이었기에 범죄로 처벌하지 않는다.

● 책임 능력

'책임 능력'은 자기 행위의 위법함을 깨달을 수 있는 변별력과 그에 따라 행동을 조절할 수 있는 의사 결정 능력을 의미한다. 형법에서는 책임 능력이 있어야 범죄 책임을 묻는다. 따라서 '형사미성년자'나 정신 장애로 변별력과 결정 능력이 없는 '심신상실자'는 책임 능력이 없다 보고 처벌하지 않는다.

● 심신상실과 심신미약

'심신상실'과 '심신미약'은 정신적인 장애로 책임 능력에 문제가 생긴 상태다. '심신상실'은 장애로 사물의 옳고 그름을 판단할 능력이나 행동을 조절할 능력이 전혀 없는 상태를 의미한다. 따라서 심신상실은 처벌받지 않는다. '심신미약'은 심신장애로 판단력과 조절력이 많이 약해진 상태로, 죄를 묻기는 하지만 형벌을 감경[11]할 수 있다.

● 촉법소년

'촉법소년'은 범죄를 저질렀으나 형사 책임 능력이 없다고 보아 형사 처벌을 받지 않는 소년을 의미한다. 일정한 나이가 되지 않으면 아직 충분히 성숙하지 않아 범죄 행위에 대한 판단 능력이 부족하다고 보아 처벌하지 않는다. 촉법소년은 형사미성년자로 분류되기 때

---

11 감경: 정해진 형벌보다 가벼운 형벌에 처하는 것이다.

문에 중대 범죄를 저질러도 징역, 벌금 등 성인처럼 형사 처벌을 받지 않는다. 죄를 짓고도 처벌을 받지 않는 것을 악용하는 사례가 나타나면서 형사미성년자의 연령을 낮추자는 논란이 벌어지고 있다.

● 미수

'미수'는 범죄를 실행했지만 결과가 발생하지 않아 범죄가 완성되지 않은 상태를 의미한다. 중대한 범죄는 '미수' 범죄도 처벌하며, 그렇지 않은 범죄는 미수범을 처벌하는 규정이 없다. 미수범을 처벌하는 대표적인 범죄는 내란죄, 외환죄, 방화죄, 살인죄, 강도죄 등이 있다.

● 반의사 불벌죄

'반의사 불벌죄'는 피해자가 원하지 않으면 처벌할 수 없는 범죄를 의미한다. 강도죄, 방화죄 같은 중범죄는 피해자가 원하지 않더라도 처벌할 수 있다. 그러나 폭행죄, 협박죄, 명예훼손죄 같은 범죄는 피해자가 원하지 않으면 처벌할 수 없다. 반의사 불벌죄에 해당하는 범죄는 피해자의 고소가 없어도 수사와 기소는 가능하지만, 피해자가 처벌을 원하지 않으면 수사와 기소를 할 수 없다.

'친고죄'는 피해자나 고소권자의 고소가 있어야만 공소를 제기할 수 있는 범죄를 의미한다. 모욕죄, 비밀침해죄, 사자(死者) 명예훼손죄 등은 기소로 피해자가 이차적인 고통을 당할 수 있고, 사회에 끼치는 피해가 크지 않다고 여겨 친고죄로 다룬다. 과거에는 성범죄도 친고죄였으나 피해자 보호와 사회적인 해악을 고려해서 친고죄에서 제외했다.

7

형법과 형사소송법

● 형사소송법

'형사소송법'은 범죄 사건에 대해 국가의 형벌권을 실현하는 수사, 기소, 재판 등 절차를 규정한 법률이다.

● 고소와 고발

'고소'는 범죄의 피해자 또는 그와 일정한 관계에 있는 사람이 수사 기관에 범죄 사실을 신고하고 처벌을 요구하는 행위다. '고발'은 피해자가 아닌 제3자가 수사 기관에 범죄 사실을 신고하고 범인의 처벌을 요구하는 행위다.

● 영장과 압수수색

'영장'은 법관이 발부하는 문서로, 수사 기관이 개인의 자유나 재산에 강제 처분(체포, 구속, 압수, 수색)을 할 수 있도록 권한을 부여한다. '압수수색'은 수사 기관이 증거물을 강제로 압수하거나 물건 또는 사람을 찾으려고 강제로 장소를 조사하고 수색하는 행위다.

● 공소

'공소'는 검사가 특정 형사 사건에 대해 법원에 심판을 청구하는 공식적인 행위로, 기소라고도 한다. 공소를 제기하면 피의자는 피고인이 된다.

● 불기소처분

'불기소처분'은 수사를 마무리하고 검사가 공소(기소)를 제기하지 않기로 결정하는 것이다. 혐의 없음, 죄가 안 됨, 공소권 없음, 기소유예 등이 있다.

- 혐의 없음: 피의자에게 범죄 혐의가 없다고 판단되는 경우
- 죄가 안 됨: 피의사실은 인정되지만 위법성 조각 사유(정당방위, 긴급 피난)이거나 책임 능력이 없다(형사미성년자, 심신상실)고 인정될 경우
- 공소권 없음: 범죄 혐의가 있으나 소송을 제기할 수 있는 법적인 조건이 결여되어 공소할 수 없는 경우(공소시효가 지난 경우, 친고죄인데 고소가 없는 경우, 피의자가 수사 도중에 사망한 경우 등)
- 기소유예: 범죄 혐의와 구성 요건은 인정되지만 피의자의 연령,

환경, 피해 회복 등 여러 상황을 고려하여 검사가 재판에 넘기
지 않는 것

● 피의자와 피고인

'피의자'는 수사 기관에서 범죄 혐의를 받고 있으나 아직 기소되지
않은 사람이다. '피고인'은 검사가 범죄 혐의로 기소하여 형사재판을
받는 사람이다.

● 무기대등의 원칙

'무기대등의 원칙'은 형사소송에서 피고인에게 검사와 동등하게
공격과 방어를 할 권리를 주는 원칙이다. 막강한 공권력을 등에 업은
검사에 비해 피고인은 불리한 위치일 수밖에 없다. 따라서 피고인이
불리한 상황을 해소할 수 있도록 피고인에게 변호인의 조력을 받을
권리, 진술 거부권, 증거 제출 및 열람권 보장 등 방어권을 충분히 보
장해 준다.

● 기소 편의주의

'기소 편의주의'는 범죄 혐의가 충분하더라도 검사가 여러 사정을
고려하여 기소하지 않고 재판에 넘기지 않을 수 있는 권한이다.

● 공판 중심주의

  '공판 중심주의'는 형사재판의 유죄와 무죄의 판단은 수사 기록이 아니라 공개된 법정에서 증거와 변론을 바탕으로 해야 한다는 원칙이다. 공판 중심주의는 판사가 증인을 직접 보고 판단하는 직접주의와 당사자가 구두로 증거를 제출하는 구두 변론주의를 핵심으로 한다. 공판 중심주의는 실질적으로 무기대등의 원칙을 실현하여 피해자의 방어권을 보장하고, 공정한 재판을 실현하는 데 목적이 있다.

● 독수독과

  '독수독과(毒樹毒果)'는 '독이 있는 나무에서는 독이 든 열매가 열린다'는 뜻으로, 위법하게 수집된 증거는 유죄의 증거로 삼을 수 없다는 형사소송법의 원칙이다. 위법하게 수집된 최초의 증거(독이 든 나무)를 기초로 하여 획득한 2차 증거(독이 든 열매)도 증거 능력이 없다. 수사 기관이 적법한 절차를 지키게 하여 인권 침해가 발생하지 않게 하는 것이 이 원칙의 목적이다.

● 유죄와 무죄

  '유죄'는 재판을 한 결과 피고인이 범죄를 저질렀음이 인정되어 형벌을 부과할 수 있다는 법원의 판단이다. '무죄'는 재판을 한 결과 피고인의 범죄 사실이 증명되지 않았거나 법적으로 범죄가 성립하지 않는다는 법원의 판단이다.

● 형벌

'형벌'은 범죄인에게 국가가 부과하는 법률상의 제재로 생명형(사형), 자유형(징역, 금고), 재산형(벌금) 등이 있다.

- 징역: 수형자를 교도소에 가두어 자유를 박탈하고 정해진 노역[12]에 복무하게 하여 '자유를 박탈하는 형벌(자유형)'이다.
- 금고: 수형자를 교도소에 가두어 자유를 박탈하지만 노역은 시키지 않는 자유형이다.
- 벌금: 범죄인에게 일정 금액을 강제로 징수하여 국고에 귀속시키는 재산형이다.

● 집행유예와 선고유예

'집행유예'는 유죄를 선고하면서도 형의 집행을 일정 기간 미루고, 그 유예 기간 동안 재범하지 않으면 형벌의 선고 효력이 없어지게 하는 제도다. '선고유예'는 유죄로 인정되지만 형의 선고 자체를 미루고, 일정 기간이 지나면 면소[13]된 것으로 간주하는 판결이다. 집행유예와 달리 형의 선고 자체를 미룬다.

---

12 노역: 괴롭고 힘든 노동을 의미한다.

13 면소: 공소권이 없어지고 기소를 면하게 되는 일이다.

● 보호관찰

‘보호관찰’은 범죄인을 교도소나 소년원 같은 수용 시설에 가두는 대신 사회에서 정상적인 생활을 하도록 하면서 재범을 방지하고 사회 복귀를 돕는 제도다. 보호관찰관이 생활을 지도·감독하고 필요하면 취업과 학업을 지원하며, 사회봉사를 의무적으로 시키기도 한다. 보호관찰 대상자가 정해진 사항을 위반하면 다시 수용 시설에 가두기도 한다.

● 보호처분

‘보호처분’은 19세 미만의 소년이 범죄를 저지른 경우 형사 처벌을 하는 대신 건전한 성장과 교화를 목적으로 소년부 판사가 내리는 특별한 조치다. 보호처분은 1호부터 10호까지 있는데 낮은 단계는 보호관찰, 수강명령, 사회봉사 등이 있으며, 높은 단계는 소년원에 송치하거나 시설에 가두는 처분을 한다. 보호처분은 청소년을 선도하고 교정하여 건강한 사회인으로 자라게 하는 데 목적이 있다.

● 배심원제와 국민 참여재판

‘배심원제’는 일반 국민으로 구성된 배심원들이 재판에 참여하여 유죄·무죄 여부를 판단하고 형벌의 정도에 대한 의견을 제시하는 제도로, 미국을 비롯하여 세계 여러 나라에서 시행한다. ‘국민 참여재판’은 한국에서 시행하는 배심원제의 일종으로, 배심원이 내린 평결은 법원을 기속[14]하지 않고 재판부 판단에 참고가 된다.

● 일사부재리의 원칙

'일사부재리의 원칙'은 법원이 유죄나 무죄로 확정한 사건은 다시 재판하거나 거듭 처벌할 수 없다는 기본 원칙이다. 이 원칙은 '동일한 범죄로 거듭 처벌받지 아니한다'는 헌법의 이중 처벌 금지의 원칙에 근거한다. 일사부재리의 원칙은 국민의 법적 안정성을 보장하고 국가 권력이 마음대로 형벌권을 행사하지 못하게 막는 데 그 목적이 있다.

● 재심청구

'재심청구'는 이미 유죄가 확정된 판결에 중대한 오류가 있을 때 그 판결의 부당함을 바로잡는 구제 절차다. 재심은 오직 피고인의 이익을 위해서만 청구할 수 있으며, 원래 판결의 증거가 위조되었거나 무죄를 인정할 명백한 증거가 새롭게 발견된 경우에 허용된다. 재심 청구가 받아들여지면 재판을 다시 진행하고, 재심에서 무죄가 확정되면 국가에서 보상을 받을 수 있다.

---

14   기속: 강제로 얽매어 묶는다는 뜻이다.

● 형사보상 청구

‘형사보상 청구’는 국가의 잘못된 형사 사법권 행사로 억울하게 신체의 자유를 침해당한 사람이 국가에 보상을 청구하는 것이다. 헌법에 보장된 국민 기본권으로 구금으로 입은 정신적·물질적 손실을 국가가 보상해 주는 제도다. 보상금은 구금된 날짜에 따라 정해진다.

8

행정법

● 행정법

'행정법'은 행정 조직의 구성, 행정 작용을 할 때 지켜야 할 규칙으로 국민의 권리가 침해되었을 때 구제받는 방법 등에 관한 여러 가지 법률을 가리킨다. 행정기본법, 정부조직법, 지방자치법, 행정절차법, 국가배상법 등이 있다.

● 비례의 원칙

'비례의 원칙'은 행정의 목적과 그 수단 사이에 적절한 균형이 있어야 한다는 원칙으로, 행정 기관이 국민에게 과하게 부담을 주거나 권익을 침해하는 것을 금지한다.

이 원칙은 ① 선택한 수단이 목적 달성에 적합해야 하고, ② 최소한으로 권익을 침해하는 것을 선택해야 하며, ③ 공익과 사익 사이에는 균형을 이루어야 한다는 세 가지 내용으로 구성된다.

이 원칙을 위반한 행정 작용은 위법한 처분이 된다.

● 신뢰 보호의 원칙

'신뢰 보호의 원칙'은 행정 기관이 공적으로 말과 행동을 했고(선행 조치), 이를 국민이 적절하게 신뢰했다면 이 국민의 신뢰를 보호해야 한다는 원칙이다. 국민이 행정 기관의 선행 조치를 믿었는데 행정 기관이 이에 어긋나는 조치를 하면 국민 권익은 침해당하게 된다. 따라서 행정 기관은 정당한 사유가 없는 한 선행 조치에 어긋나는 행정을 해서는 안 된다.

● 부당 결부 금지의 원칙

'부당 결부 금지의 원칙'은 행정 기관이 어떤 행정 작용을 하면서 상대방과 아무 관련이 없는 의무를 부과해서는 안 된다는 원칙이다. 예를 들어 행정 기관이 아파트 단지 개발을 승인하면서 그 아파트에 살 주민들이 이용할 도로를 사업자에게 설치하라고 요구하는 것은 타당하다. 그러나 아파트 단지 개발을 허가하는 조건으로 그것과 아무런 관련이 없는 기부금을 납부하라고 요구하면 안 된다.

● 재량 행위와 기속 행위

'재량 행위'는 법률에 '~할 수 있다' 같은 문구로 되어 있는 경우 법에 따라 할지 말지를 선택할 재량[15]이 행정 기관에 있는 행위를 가리킨다. 행정 기관이 재량 행위를 할 때는 일정한 범위 안에서 해야 하며, 행정 행위를 할 때 지켜야 할 원칙을 어기면 위법이 된다. '기속 행위'는 법률에 '~하여야 한다' 또는 '~한다' 같은 문구로 되어 있는 경우 행정 기관이 무조건 법이 정한 대로 해야만 하는 행위를 가리킨다. '기속 행위'에 해당하는 법규는 행정 기관의 재량권이 허용되지 않는다.

● 허가와 인가

'허가'는 본래 국민 자유에 속하는 행위를 공익상의 이유로 법령으로 미리 금지했다가 특정 요건이 채워지면 그 금지를 해제하여 적법하게 할 수 있도록 자유를 회복시켜 주는 행정 행위다. 예를 들어 일반적으로 운전을 금지했다가 운전을 할 수 있는 자격을 얻으면 운전면허를 발급해 주는 것이 '허가'에 해당한다. '인가'는 개인이나 법인이 이미 행한 법률 행위를 행정 기관이 인정해서 법률적으로 완성하게 해 주는 것이다. 예를 들어 사립 학교를 설립하려는 법인이 이사회를 열어 정관[16]을 변경했는데 행정 기관이 이 정관 변경을 인정해

---

15   재량: 자기 생각대로 헤아려서 처리한다는 뜻이다.

16   정관: 법인의 조직과 업무 등에 관해 정해 놓은 기본 규칙이다.

주는 것은 '인가'에 해당한다.

● 과징금

'과징금'은 행정 기관이 법을 위반한 개인이나 법인에 가하는 금전적 제재다. 과징금은 법을 위반하여 얻은 부당한 이득을 환수해서 위법 행위를 억제하는 데 그 목적이 있다. 벌금과 달리 형벌이 아니므로 전과 기록이 남지 않으며, 그 금액은 부당 이득의 규모나 위반 행위가 심각한 정도에 따라 다르다. 과징금을 부과받은 쪽에서 행정 기관의 조치가 부당하다고 판단하면 행정소송으로 다투면 된다.

● 행정소송과 행정심판

'행정소송'은 법원이 주체가 되어 행정 기관의 처분이 위법한지 여부를 판단하는 사법 절차다. '행정심판'은 행정 기관 내부에 설치된 '행정심판위원회'가 주체가 되어 행정 처분의 위법성과 부당함을 심리하는 준사법적 절차다. 행정소송과 행정심판은 모두 행정 기관의 처분으로 권익을 침해당했다고 판단한 국민을 구제하는 절차이지만, 행정심판은 절차가 간편하고 신속하며 비용이 무료라서 국민이 이용하기 더 편리하다. 행정심판을 거쳐 행정소송을 할 수도 있고, 행정심판 없이 곧바로 행정소송을 해도 된다.

● 부작위 위법 확인소송

'부작위 위법 확인소송'은 행정 기관이 법에 따른 의무가 있음에도 아무런 조치를 취하지 않는 상태(부작위)가 위법하다고 제기하는 행정 소송의 하나다. 이 소송은 행정 기관의 소극적인 위법 상태를 제거하고 신속하게 행정 처리를 하게 함으로써 국민 권익을 보호하는 것을 목적으로 한다.

● 국가배상

'국가배상'은 행정 기관이나 공무원의 잘못으로 국민이 피해를 입었을 때 국가나 지방자치단체가 손해를 배상하는 제도다. 예를 들어 공무원이 직무를 하면서 고의나 과실로 법령을 위반하여 국민에게 손해를 입혔거나, 행정 기관이 도로나 하천 등 공공시설을 제대로 관리하지 못해 국민이 다치면 피해 당사자에게 배상해야 한다.

9

기타 법률

● 지적재산권

'지적재산권'은 인간의 창조적인 활동으로 만든 아이디어, 지식, 정보, 기술, 표현에 재산적 가치와 사용권을 주는 독점적 권리다. 지적재산권을 보호해야 창작자와 발명자의 이익이 보장되고, 산업 및 문화가 발전한다. 지적재산권은 크게 기술적인 창작물을 보호하는 산업재산권과 문화 예술적 창작물에 대한 권한을 주는 저작권으로 나눈다.

● 산업재산권

'산업재산권'은 산업 활동과 관련된 무형의 창작물이나 표지의 가치를 인정해서 재산상 이득을 보호하는 독점적 권리다. 산업재산권에는 특허권, 실용신안권, 디자인권, 상표권이 있다.

- 특허권: 새로운 기술적 발명을 보호
- 실용신안권: 기존 발명을 개량한 기술이나 아이디어를 보호
- 디자인권: 물품의 외관 디자인을 보호
- 상표권: 상품이나 서비스의 브랜드를 보호

● 저작권

'저작권'은 문학, 음악, 미술, 영화, 연극 등 독창적인 창작물을 만든 창작자에게 주는 권리다. 저작권은 창작과 동시에 자동으로 발생하며, 창작자가 자신의 작품을 통제하고 무단으로 이용하는 것을 방지하여 문화 예술의 발전을 촉진하는 역할을 한다. 저작권은 저작인격권과 저작재산권으로 나눈다.

- 저작인격권: 창작자의 명예와 인격을 보호하는 권리
    - 공표권: 저작물의 공개를 결정하는 권한
    - 성명표시권: 저작물에 자기 이름을 표시할 수 있는 권한
    - 동일성 유지권: 저작물이 창작자의 뜻과 다르게 변경되지 않게 보호하는 권한
- 저작재산권: 복제, 공연, 배포, 2차 저작물 작성 등 저작물 이용으로 경제적 이익을 얻을 수 있는 권리

● 소비자보호법

　‘소비자보호법’은 소비자 권익을 보호하고 소비 생활의 안전을 지키려고 제정한 여러 법률을 가리킨다. 소비자의 안전, 선택할 권리, 알 권리 등을 보호하고, 소비자와 판매자의 분쟁을 해결하며, 건전한 시장 환경을 조성하는 데 법률의 목적이 있다. 소비자기본법, 제조물책임법, 금융소비자 보호에 관한 법률, 방문판매 등에 관한 법률 등 여러 가지가 있다.

● 집단소송

　‘집단소송’은 피해자 중 일부가 소송을 수행하면 소송에 참여하지 않은 나머지 전체 피해자에게도 소송의 효력이 미치는 소송 제도다. 일부만 소송을 진행하고 피해자 전체가 혜택을 입기 때문에 효율적인 재판과 피해 구제가 가능하다.

● 공동소송

　‘공동소송’은 하나의 소송에 여러 명의 원고나 피고가 함께 참여하는 소송 형태다. 여러 당사자의 권리나 의무가 공통되거나 서로 깊은 관련이 있을 때 법원의 판단이 서로 모순되는 것을 방지하고 소송 절차를 효율적으로 진행하기 위해 허용된다. 집단소송과 달리 판결 효력은 소송에 참여한 당사자에게만 미친다.

● 단체소송

‘단체소송’은 일정한 요건을 갖춘 소비자 단체나 비영리 민간단체가 사업자의 위법 행위를 이유로 소송을 제기하는 것이다. 소송 주체는 피해자 개인이 아니라 단체이며, 소송 목적은 손해배상이 아니라 위법 행위의 예방 및 중지에 있다. 피해자가 손해배상을 받으려면 개인이 별도의 소송을 제기해야 한다.

● 징벌적 손해배상제도

‘징벌적 손해배상제도’는 가해자가 고의나 악의적인 행위로 타인에게 손해를 입힌 경우 피해자가 실제로 입은 손해액을 넘어서는 금액을 가해자에게 배상하도록 명령하는 제도다. 가해자의 악의적인 행위를 징벌하고 유사한 사건이 발생하는 것을 막는 목적으로 시행한다.

● 상법

‘상법’은 기업 활동과 상거래 활동을 규율하는 법이다. 민법이 일상생활의 규칙을 정한 법이라면 상법은 복잡하고 빠르게 돌아가는 기업의 활동과 상거래 활동에서 지켜야 할 규칙을 정한 법이다. 상법에서는 회사를 설립하고 운영할 때 지켜야 할 절차와 규칙, 상거래를 할 때 대리점과 보험 등에서 지켜야 할 규칙이 무엇인지 정함으로써 경제 활동을 효율적이고 안전하게 할 수 있게 한다.

● 공정거래법

'공정거래법(독점규제 및 공정거래에 관한 법률)'은 시장에서 큰 힘을 가진 기업들이 가격을 마음대로 정하거나 서로 짜고 가격을 올리는 담합으로 소비자나 다른 작은 기업들을 괴롭히지 못하도록 막는 법이다. 공정거래법은 모든 기업이 규칙을 지키면서 정정당당하게 경쟁하고, 그 결과 소비자는 더 좋은 품질의 물건을 합리적인 가격에 살 수 있도록 공정한 시장 환경을 만드는 것을 목적으로 한다.

● 근로기준법

'근로기준법'은 노동자가 인간다운 삶을 살 수 있도록 노동의 기본 조건을 정해 놓은 법이다. 노동 시간, 휴식 시간, 임금, 부당하게 해고 당하지 않을 권리 등을 규정하여 노동자 권익을 보호하는 역할을 한다.

● 국제법

'국제법'은 전 세계 국가가 서로 관계를 맺고 지켜야 할 약속과 규칙의 집합이다. 국제법은 나라와 나라 사이의 관계를 규율하려고 만들며, 무역 협정이나 기후 변화 협약처럼 국가들이 서명한 '조약'이나 오랫동안 많은 국가가 지켜 온 국제 '관습'을 이용하여 형성한다. 국제법은 평화 유지, 분쟁 해결, 인권 보호, 환경 문제 등 다양한 분야에서 질서와 협력을 가능하게 하는 기준이지만, 국내법처럼 강력한 법 집행 기관이 없어 국가들의 상호 동의와 약속을 바탕으로 지켜진다.

● 치외법권

　‘치외법권’은 외교관처럼 특별한 지위의 사람이 체류하는 국가의 법과 재판권이 아니라 본국의 법을 적용받는 권리다. 치외법권은 외교관이 파견국에서 독립적으로 활동할 수 있도록 국제적으로 보장하는 특권이다.

● 국제사법재판소

　‘국제사법재판소(ICJ)’는 유엔(UN)의 법률 기관으로, 국가 사이에서 벌어진 영토 분쟁, 조약 해석 문제 등 법적 다툼이 생겼을 때 국제법을 기준으로 판결을 내리는 재판소다. ICJ의 재판이 열리려면 분쟁에 관련된 국가가 모두 동의해야 하며, 판결은 해당 나라에 법적인 구속력이 있다.

● 국제형사재판소

　‘국제형사재판소(ICC)’는 세계에서 벌어지는 가장 심각한 범죄인 대량학살(제노사이드), 반인도적 범죄, 전쟁 범죄, 침략 범죄 등을 저지른 개인을 심판하려고 세운 국제 법원이다. ICC는 네덜란드 헤이그에 있으며, 특정 국가가 범죄자를 처벌할 의지나 능력이 없을 때 대신 나선다. ICC의 목표는 아무리 높은 지위에 있는 사람이라도 잔혹한 범죄 책임을 피할 수 없도록 국제적인 정의를 실현하는 것이다.

어둠 속에서 달빛이 반짝입니다. 거친 물소리도 들립니다. 달빛이 물살에 반사되며 신비로운 안개가 피어오릅니다. 『함무라비 법전』이 허공에 떠서 용현이를 향해 어둡고 무거운 목소리를 날립니다.

"함무라비 법전 제1조, 어떤 사람이 다른 사람을 살인죄로 고소했으나 그것을 증명할 수 없다면 고소한 자는 사형에 처한다. 제2조, 어떤 사람이 다른 사람에게 마술이나 주술을 사용했다고 고소했으나 그것을 증명할 수 없다면 고소당한 자는 신성한 강으로 가서 몸을 던질 것이다. 고소당한 자가 강물에 빠져 죽는다면 고소한 자는 그의 집을 차지하지만 무사히 살아남아 구출된다면 고소한 자는 사형에 처해질 것이며, 강물에 몸을 던졌던 자는 고소한 자의 집을 차지할 것이다."

목소리는 그 어느 때보다 무겁고 살벌했습니다.

"함무라비 법전에서는 고소당한 자를 물에 빠뜨려서 시험한다고 했으나, 이는 무척 억울한 일이다. 증거가 없는 경우라면 마땅히 고소한 자가 물에 빠져서 그 정직을 시험하는 게 옳다."

달빛으로 빛나던 강물이 갑자기 붉은 빛으로 번쩍입니다.

"다시 묻는다. 너는 거짓을 말했느냐, 아니면 정직하게 고발했느냐?"

용현이는 어찌할 바를 몰랐습니다.

"답이 없으면 저 강물의 선택에 너를 맡기겠다."

용현이 몸이 강한 힘에 이끌려 하늘로 떠올랐습니다. 용현이가 비명을 지릅니다. 몸이 하늘로 떠올라 강물에 곧 던져질 듯합니다. 저 거칠게 흐르는 강물에서는 웬만큼 수영을 잘해서는 살 수가 없을 것 같습니다. 더구나 용현이는 수영을 못 합니다.

"살려 줘. 내가 거짓말을 했어. 제발 살려 줘."

용현이가 발버둥을 치며 진실을 고백합니다.

"말은 믿지 못한다. 여기에 적어라."

백지와 볼펜이 용현이 손에 쥐어졌습니다. 용현이는 벌벌 떨면서 종이에 자신이 거짓으로 윤재를 고발했음을 자백합니다. 인주를 묻혀 지장까지 확실하게 찍은 종이가 윤재의 손으로 날아왔습니다.

"바로 가서 선생님에게 사실대로 고백해라. 네가 진실을 밝히지 않으면 더 무서운 처벌을 내릴 것이다. 함무라비 법전은 죄 없는 자를 고발해서 처벌하게 하려는 무고죄를 가장 무섭게 벌했다. 법의 질서를 어지럽히는 중죄라고 보았기 때문이다. 다시 한 번 이런 짓을 벌이면 네 생애 가장 끔찍한 고통을 맛보게 해 주겠다. 알겠느냐?"

함무라비 법전이 무섭게 꾸짖었고, 용현이는 물에 빠지지 않으려고 발버둥을 치며 손을 싹싹 빌었습니다. 용현이는 땅에 내려올 때까지 계속 빌었고, 땅에 떨어진 뒤에는 무릎을 꿇고 덜덜 떨면서 살려 달라고 애원했습니다.

윤재는 『함무라비 법전』을 손에 들고 환한 웃음을 지었습니다. 윤지는 엄지를 치켜세웠습니다.

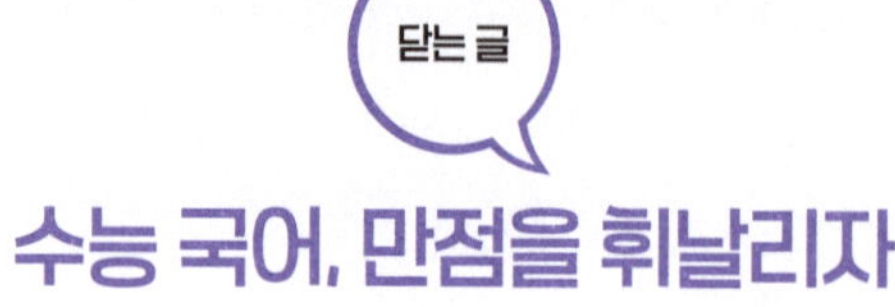

수능 국어, 만점을 휘날리자

수능 국어에서 좋은 점수를 얻으려면 먼저 수능의 정체를 명확히 알아야 합니다. 수능의 정체를 알려면 수능일에 어떤 일이 벌어지는지 떠올려 보아야 합니다. 수능일 아침이면 혹시라도 수험생이 제시간에 시험장에 들어가는 데 방해가 될까 봐 어른들은 출근 시간을 늦춥니다. 평소에 수험생보다 훨씬 많은 학생이 등교하지만 출근하는 어른들 때문에 문제가 발생하지 않음에도 수능일 아침에는 굳이 출근 시간을 늦춥니다. 영어 듣기 평가를 할 때면 비상 및 긴급 항공기를 제외한 모든 항공기의 이착륙이 전면 금지됩니다. 민간 항공기뿐 아니라 공군 비행기마저 통제합니다. 세계 최고로 첨단 기술을 자랑하는 대한민국에서 혹시 듣기 평가에 방해가 될까 봐 국가 안보에 필수인 비행마저 통제합니다. 언론은 하루 내내 수능과 관련한 뉴스를 써 대고, 기업은 수험생을 위한 각종 혜택을 쏟아 냅니다. 수험생이

있는 집에서는 숨소리마저 조심하고, 수험생이 없는 집도 수능이 주는 무게감을 느끼며 하루를 보냅니다. 이외에도 수능일만 되면 특별한 일이 무수히 벌어집니다.

우리나라에는 설날, 추석, 크리스마스, 석가탄신일, 삼일절, 광복절, 어린이날, 한글날 등 무수한 기념일이 있습니다. 그러나 그 어떤 기념일에도 비행을 통제하지 않고, 어른들의 출근 시간을 조절하지 않으며, 수많은 국민이 특정한 집단을 방해하지 않으려고 신경을 곤두세우지도 않습니다. 이것은 무엇을 의미할까요? 다른 그 어떤 기념일보다 수능일이 더 중요하다는 뜻입니다. 대한민국 최고의 기념일은 수능일입니다. 그 어떤 날도 감히 넘보지 못할 신성불가침한 행사, 그것이 수능입니다.

"수능은 신이에요. 신성불가침인 신! 그리고 그 신성불가침한 신을 모시는 종교는 우리 사회에서 가장 강력해요. 수능이라는 신에게 다가서기 위한 종파는 엄청나게 많아요. 그 가운데 한 종파를 이끄는 이가 이성식이고, 열혈 신도는 문수죠. 문수만 열혈 신도일까요? 희수도 이성식 선생을 무조건 신뢰해요. 만약 심리학자나 프로파일러가 조사를 했다면 교주를 따르는 신도들과 이성식 선생을 따르는 학생들의 심리가 비슷하다는 걸 어렵지 않게 밝혀냈을 거예요."

"아니야. 그건 어디까지나 비유지 사실이 아니야. 너는 문학이나 사회비평을 하고 있어. 우리는 범인을 잡아야 해. 문학으로 비유를 하거나, 사회비평을 하는 게 목표는 아니야."

"문학도 아니고, 사회비평도 아니에요. 현실이죠."

출처: 『소년 프로파일러와 기숙학원 테러사건』

조선시대에 신분은 태어나면서 결정되었습니다. 오늘날 대한민국에서는 (조금 과격하게 말해서) 대학 입시 결과로 신분이 결정됩니다. 수능에 따라 소속 대학이 나뉘면서 사회 지위가 바뀌고, 직업이 바뀌고, 일평생 수입이 바뀌고, 위아래가 바뀌고, 행복과 불행이 나뉩니다. 대학 입시로 결정되는 사회적 신분은 오래도록 막강한 영향력을 끼칩니다. 인생 전체를 좌우하는 시험, 그런 시험이기에 수능은 신성불가침이고, 수능일은 대한민국에서 가장 중요한 기념일입니다.

수능이 신성불가침인 시험이라는 특성에서 수능 국어시험을 잘 대비하는 세 가지 원리가 나옵니다. 이제 그 세 가지 원리가 무엇인지 하나씩 알아보겠습니다.

제1원리
"옆에 꼰대 같은 선생님이 있다"

신성불가침 수능에 문제가 생기면 어떻게 될까요? 수능을 못 보게 되는 큰 사고가 생기거나, 수능 시험지가 도난당하는 사건이 벌어지면 난리가 나겠지만 그런 일이 벌어질 가능성은 거의 없습니다. 수능에서 현실적으로 가장 위험한 사건은 수능 시험 문제의 오류입니다. 실제로 몇 차례 출제 오류가 발생해서 크게 문제가 된 적이 있습니다. 수능 문제에서 오류가 발생하면 수능 신뢰도가 흔들립니다. 그런 일이 발생하면 신성불가침한 시험이라는 수능의 지위는 흔들립니다. 그래서 시험 출제자들은 문제에서 오류가 발생하지 않도록 최선을 다할 뿐 아니라, **오류가 생기지 않는 방식**으로 문제를 출제합니다. 수험생이 열심히 공부를 하는데도 그만큼 국어 성적이 오르지 않는 이유는 '오류가 생기지 않게 출제하는 방식'을 제대로 인식하지 않고 공부하기 때문입니다.

흔히 수험생은 국어 문제의 정답은 애매모호한 경우가 많다고 생각합니다. 수학이나 과학처럼 답이 딱딱 떨어지지 않는다고 여깁니다. 그런데 국어 문제의 답이 애매모호하다면 오답 논란이 숱하게 벌어져야 맞지 않을까요? 중복 정답으로 인정하는 경우가 많아야 하지 않을까요? 그러나 실제로 2004년에 복수 정답을 인정한 이후로 단 한 번도 국어시험(언어 시험 포함)에서 그런 일은 일어나지 않았습니다. 애매하다는 것은 사람에 따라 달리 생각할 수 있다는 말입니다. 수험생은 잘 모르고 넘어갈 수도 있지만 학교 선생님이나 대학 교수는 그냥 넘어가지 않습니다. 이렇게 생각해도 되고 저렇게 생각해도 된다면 분명히 지적을 했겠죠. 사소한 사건에도 여론이 들끓는 세상인데 수많은 인생이 걸린 수능에서 아무런 논란도 벌이지 않고 그냥 넘어간 이유는 단 하나, 답이 명확하기 때문입니다.

국어시험의 정답은 절대 애매모호하지 않습니다. 국어시험 문제는 답이 명확합니다. 수학만큼 답이 명백합니다. 신성불가침한 수능을 떠받치는 중요한 기둥이 국어시험입니다. 국어시험 문제에서 오류가 발생하거나 심한 논란이 벌어지면 신성불가침한 수능이라는 권위가 흔들립니다. 그러니 국어시험 문제를 내는 출제자들은 오류와 논란이 생기지 않게 만들려고 엄청나게 노력합니다. 그 노력의 핵심은 단순합니다. 정답을 외부에 놓지 않고 지문 안에 다 담아 놓습니다. 지문 안에 답을 넣어 두고 어긋나면 '부적절'하다 판단하고, '지문에 있으면 적절'하다 판단합니다. 정말 단순한 출제 방식입니다.

수학은 정답이 시험지 안에 없습니다. 문제를 정확하게 풀어야 정답이 그 모습을 드러냅니다. 영어는 정답이 시험지 안에 있기도 하지만 시험지 밖에 있기도 합니다. 그러나 **국어는 모든 답이 지문 안에 들어 있습니다.** 논란을 일으키지 않으려고 지문 안에 답이 있는 문제만 냅니다. 국어시험은 숨은 그림 찾기와 같습니다. 숨은 그림을 찾는 실력이 뛰어나면 더할 나위 없이 쉬운 과목이 국어고, 숨은 그림을 못 찾으면 그 어떤 시험보다 어려운 과목이 국어입니다.

흔히 국어시험을 풀다 보면 이런 말을 하는 학생이 많습니다.

"이럴 수도 있잖아요."

이제 이런 의문은 버려야 합니다. 그런 생각으로 답을 고르고 있다면 이미 잘못된 길로 간 것입니다. 내가 정한 임의의 판단 기준은 버리세요.

"이게 답인 것 같아요."

국어시험에서 '같아요'처럼 애매한 근거는 없습니다. 명확한 사실로만 정답을 판단합니다. 지문과 일치하면 적절, 지문에 어긋나면 부적절입니다. 답의 근거를 지문에서 명확히 찾아 설명하는 방식으로 공부해야 합니다. 그래서 이렇게 상상하고 문제를 풀어야 합니다.

내 옆에 깐깐한 선생님이 있다!

그 선생님에게 내 설명이 통해야 합니다. 내가 답을 고른 이유를 설명하면 그 선생님이 아무 트집도 못 잡고 고개를 끄덕여야 합니다. 아마 그 선생님은 이렇게 묻겠죠.

"이게 왜 적절하지?"

“이건 왜 부적절해?”

“그렇게 판단한 근거는 어디 있어?”

“지문에 이게 있는데 왜 못 찾았어?”

“왜 잘못 생각한 거야?”

선생님이 그 어떤 질문을 해도 정확히 설명해야 합니다. 내가 한 설명은 지독하게 깐깐한 선생님도 더는 트집을 잡을 수 없을 만큼 명쾌해야 합니다. 정확한 근거를 찾으면서 문제를 푸는 습관을 들이면 국어 성적은 노력한 만큼 오릅니다.

제1원리를 제대로 지키지 않을 경우 실수가 발생할 수밖에 없습니다. 학생이 제1원리를 지키지 않아서 저지르는 실수는 다음과 같습니다.

㉠ 모르는 것을 아는 척한다

모르는 어휘가 나오면 대충 자신이 아는 어휘에 끼워 맞추어서 뜻을 짐작합니다. 그러고는 답을 골라 버립니다. 절대 그러면 안 됩니다. 어휘를 모르는 선택지는 OX를 판단하면 안 됩니다. △로 남겨 두고 판단을 미루어야 합니다. 어휘뿐만이 아닙니다. 내용과 관련한 부분을 잘 모르겠으면 억지로 판단하지 말고 △를 표시하고 판단을 미루어야 합니다. 자신이 확실히 아는 것만을 근거로 해서 OX를 판단해야 합니다.

ⓒ ④번까지 내린 판단을 의심하지 않는다

난이도가 높은 문제는 유독 ⑤번을 답으로 고르는 학생이 많습니다. 왜 그럴까요? 그것은 ①번부터 ④번까지 풀었는데 답이 나오지 않았기 때문입니다. ①~④번 안에 답이 없으니 ⑤번을 답으로 결정해 버립니다. 바로 ⑤번을 결정하지 않더라도 ①~④번을 검토할 때의 깐깐함이 사라지고, 아주 관대하게 ⑤번 문항을 검토해서 ⑤번을 답으로 합리화해 버립니다. 이런 학생들은 ①~④번에서 자기 판단이 맞았다고 확신합니다. 그러나 그 확신을 의심해야 합니다. ①~④번을 검토할 때의 깐깐함을 ⑤번에서도 그대로 유지해야 합니다. ①~⑤번을 동등한 강도로 깐깐하게 검토하고 답을 선택해야 합니다. 답을 판단하는 잣대는 처음부터 끝까지 일관된 강도로 유지해야 합니다.

ⓔ 둘 중 하나일 때 양쪽에 적용하는 잣대가 다르다

국어시험을 풀 때 어려운 문제는 대부분 둘 중 하나가 답인 경우가 많습니다. 선택지 다섯 개가 모두 헷갈리는 경우는 극히 드뭅니다. 그런 문제가 유독 많다면 자신의 국어 실력을 의심해야 합니다. 둘 중 하나는 정답입니다. 그래서 헷갈리는 두 선택지 중 하나를 운 좋게 잘 고르면 점수가 오르고, 운이 나쁘면 점수가 내려갑니다. 다른 과목과 달리 국어 등급이 오르락내리락하는 경우가 많은 이유입니다. 조금 단순하게 말해서 국어시험은 이 둘 중 하나 고르기 관문을 잘 통과하기만 하면 잘 볼 수 있습니다. 따라서 평소에 공부할 때 둘 중 하나를 고르는 실력을 키우는 연습을 반복해야 합니다.

그런데 학생들은 둘 중 하나를 고를 때 한 선택지에는 깐깐한 기준을 들이대면서 다른 선택지에는 너그러운 기준을 적용하는 경우가 많습니다. 깐깐한 잣대를 들이댄 선택지는 부적절하다고 결정을 내리고, 느슨한 잣대를 적용한 선택지는 적절하다고 결정을 내립니다. 절대 그러면 안 됩니다. 두 선택지 중 하나가 답이라면 무조건 같은 잣대로 깐깐하게 굴어야 합니다. 그래서 둘 중 하나가 답인 문제를 만나면 반드시 'ㄷ'자 표시를 해야 합니다. ㄷ자를 표시하고 답을 고르는 연습을 반복함으로써 잘 고르는 방법을 익혀야 합니다. 틀렸다면 왜 잘못 판단했는지 확인하고 점검해야 합니다.

제2원리

"출제자를 사기꾼처럼 여긴다"

지문에 답이 있다고 했습니다. 국어는 시험지 안에 다 답이 있다고 했습니다. 그런데 어떻게 학생들은 뻔히 있는 답을 못 찾을까요? 문해력이 부족해서? 독해력이 부족해서? 물론 그럴 수도 있습니다. 그러나 일정 정도 실력이 쌓인 학생이 답을 제대로 못 찾는 이유는 단 하나입니다. 출제자가 답을 교묘하게 숨겨 놓았기 때문입니다. 분명히 지문 안에 다 답이 있는데 학생이 찾아내지 못하게 출제자가 가려

놓았기 때문입니다. 기본적인 독해력, 논리력, 이해력, 사고력, 창의력은 수능 국어시험을 볼 때 필요하기는 합니다. 그러나 그런 능력이 수능 국어시험의 핵심은 아닙니다. 그런 능력은 현재 수능 국어시험의 방식으로는 측정하기 어렵습니다. 그런 능력은 기본적으로 다양한 답변의 가능성을 전제로 하는데, 수능 국어시험은 지문에서 정답을 찾는 형식의 문제밖에 없기 때문에 그런 능력과는 거리가 멉니다. 그런 능력이 전혀 필요 없다는 말은 아닙니다. 그런 능력은 현재 수능 국어시험에서는 부차적이란 의미입니다. 핵심은 출제자들이 어떤 방식으로 지문에 뻔히 있는 내용을 교묘하게 가리느냐 하는 것입니다. 이것은 조금 과격하게 표현하면 '사기술'에 가깝습니다.

사기꾼은 사기를 칠 때 100% 거짓말을 하지 않습니다. 진실 속에 거짓을 교묘하게 섞어 버립니다. 속는 사람은 그 진실을 보고 전체가 맞다고 오판합니다. 진실 속에 가려 놓은 거짓을 찾아내지 못해서 속아 넘어갑니다. 수능 국어 문제를 가만히 보십시오. 부적절하다고 판단하는 선택지 가운데 어려운 선택지를 눈여겨보세요. 대부분 교묘하게 진실과 거짓이 뒤섞여 있습니다. 아주 쉽게 진실과 거짓이 드러나는 선택지는 난이도가 낮아 정답률이 높습니다. 교묘하게 숨겨놓은 것이 많을수록 문제 난이도가 높고 정답률은 떨어집니다.

사고력을 기르라느니, 종합적으로 판단하라느니, 논리력이 중요하다느니 하는 말에 흔들리지 마세요. 그런 능력이 기본적으로 필요하기는 하지만, 그런 능력이 핵심도 아니고 단기간에 기르기도 어렵습니다. 명심하세요. 수능 문제에서는 절대 출제 오류가 발생하면 안 됩니다. 그 신성불가침의 성역이 흔들리는 것을 막기 위해 누가 봐도 객관적으로 OX를 판단할 수 있는 문제만 냅니다. 지문에 답이 있습니다. 출제자들은 뻔히 보이는 지문에서 정답을 가리는 기술에 탁월한 사람들입니다. 그것으로 수험생이 착각하게 만듭니다. 그런 착각에 빠지지 않게 훈련해야 합니다. 진실과 거짓이 뒤섞인 선택지에서 거짓을 가려서 볼 줄 알아야 합니다. 거짓을 가려내려면 문제를 푸는 습관을 깐깐하게 바꾸어야 합니다. 깐깐하게 문제를 풀려면 습관 하나만 들이면 됩니다. 바로 '/'를 긋는 풀이 습관입니다.

선택지를 볼 때 꼭 '/'를 표시하십시오. 선택지는 통으로 보면 안 됩니다. 판단할 부분이 여러 개인 경우 무조건 '/'를 표시하고 따로따로 판단해야 합니다. 예를 들어 "역설법을 사용하여 사회와 개인의 갈등을 다면적으로 표현했다."라는 선택지가 있다고 가정해 보죠. 이때는 먼저 '역설법'을 썼는지 확인해야 합니다. 그것이 부적절하면 그 뒤는 볼 필요도 없습니다. 그런데 '역설법'이 있다고 해서 이 선택지가 O는 아닙니다. 다음으로 '사회와 개인의 갈등'을 다루는지 확인해야 합니다. 그것이 적절하다고 해도 또 판단할 부분이 남습니다. '다면적으로 표현했는지'도 검토해야 합니다. 즉, 이 선택지는 다음처럼 쪼개서 판단해야 합니다.

역설법을 사용하여 / 사회와 개인의 갈등을 / 다면적으로 표현했다.

1단계: 역설법을 사용했는가?

2단계: 사회와 개인의 갈등을 다루었는가?

3단계: 다면적으로 표현했는가?

출제자들은 어떤 경우에는 '만, 도'처럼 조사 하나를 슬쩍 바꾸어 놓습니다. '전부, 모두'처럼 부사를 바꾸기도 합니다. 'A보다 B, A는 B와 달리'처럼 헷갈리는 표현으로 판단을 어렵게 만들기도 합니다. 그래서 '/'를 긋고 선택지를 쪼개서 하나씩 다 판단하는 연습을 반복해야 합니다. 물론 그 판단 기준은 철저히 시험지에 있는 지문입니다.

제3원리

"어휘를 익히고 기출 지문과 친해져라"

독서가 중요합니다. 수능 국어시험은 기본적으로 긴 지문을 제시하고 그것을 바탕으로 문제를 내기 때문에 독서를 많이 한 학생이 유리합니다. 그러니 평소에 책을 많이 읽어야 합니다. 고등학교 시험 성적은 중학교까지 얼마나 다면적이고 깊이 있는 독서를 많이 했는지가 크게 결정합니다. 기본적으로 문해력이 약하고 배경지식이 풍성하지 않으면 고등학교에서 제대로 된 성적을 받기 어렵습니다. 특히

나 수능에 나오는 지문은 난해하기 이를 데 없어서 풍성한 독서가 기본이 되어야 합니다.

　문제는 요즘 학생들이 제대로 독서를 하지 않는다는 사실입니다. 초등학교 3~4학년까지는 나름 책을 읽던 학생도 초등 고학년이 되면 서서히 책에서 멀어지고 중학생이 되면 거의 책을 읽지 않습니다. 고등학생이 되어서는 책을 읽는 학생이 극히 드뭅니다. 솔직히 고등학교에 올라가면 책을 읽을 시간이 없습니다. 독서를 차분히 하려고 해도 시간이 없어서 읽지 못합니다. 이런 현실에서 어떻게 하면 수능 국어에 나오는 어려운 지문에 대응하는 능력을 키울 수 있을까요?

　방법은 간단합니다. 첫 번째는 그 학문의 핵심 개념을 담은 어휘를 익혀서 배경지식을 쌓는 것입니다. 이 방법을 실천하는 데 도움이 되라고 펴낸 책이 바로 『국어 어휘력, 결국은 수능이다』입니다. 두 번째는 수능, 모의고사, 학력평가 시험에 나온 지문을 반복해서 읽는 것입니다. 이 방법은 시중에 나온 문제집을 활용하면 됩니다.

　수능 국어에 나오는 지문, 특히 학생들이 어려워하는 비문학 지문은 일상적으로 접할 수 있는 글이 아닙니다. 보통의 책이나 학문에 나온 글은 읽는 사람이 이해하기 쉽게 지문을 구성합니다. 읽는 사람이 최대한 쉽게 알아듣게 하려고 깔끔하고 정갈하고 논리적으로 문장을 구성합니다. 그러나 수능 지문은 그 반대입니다. 뜻은 분명하고 논리는 정확하지만, 설명을 최대한 까다롭게 합니다. 압축도 많이 사용합니다. 일부러 어려운 한자어와 전문적 용어를 나열해서 어휘력이 떨어지는 학생은 무슨 뜻인지 알아듣지 못하게 방해합니다. 수능 국어 출제자들은 지문을 일부러 까다롭게 구성합니다. 독서력이 떨어지는 학생은 그런 지문을 만나면 당황하고 독해를 어려워합니다. 그러니까 그런 지문에 익숙해지려면 어휘력을 길러야 하고, 최대한 수능 국어시험에 나오는 지문을 많이 읽어 보아야 합니다.

기출 문제집은 시중에 풍성하게 있습니다. 문제를 풀기 전에 습관처럼 그 지문들을 반복해서 읽어 보기 바랍니다. 자꾸 읽다 보면 지문에 익숙해지고, 지문에 익숙해지면 문제를 정확히 푸는 데 도움이 됩니다. 수능 국어시험을 보는 시간은 80분밖에 안 됩니다. 그래서 지문을 빨리 읽어야 합니다. 느리게 읽으면 문제 풀 시간이 부족합니다. 빠르게 읽으려면 이 책으로 배경지식을 쌓고 비슷한 지문을 자주 읽어야 합니다.

지문을 읽는 훈련을 할 때는 그냥 눈으로만 읽으면 안 됩니다. 그냥 읽기만 하면 문제 풀이에 큰 도움이 되지 않습니다. 지문을 읽을 때는 다음 방법을 사용하기 바랍니다. 이 방법은 실제 문제를 풀 때도 동일하게 사용해야 합니다.

㉠ 개념 정의에 표시한다

독서 지문에서는 개념을 정의한 부분이 매우 중요합니다. 먼저 개념이 무슨 뜻인지 정의를 내리고, 정의를 바탕으로 설명을 이어 가는 경우가 많기 때문입니다. 개념 정의를 제대로 알지 못하면 지문을 이해하기 어렵습니다. 무엇보다 개념을 정의한 부분은 반드시 문제로 나옵니다. 따라서 개념의 뜻을 설명하는 부분이 나오면 밑줄처럼 뻔한 표시가 아니라 자기만의 특별한 표시를 해야 합니다. 특별한 표시는 문제를 풀거나 지문을 다시 볼 때 한눈에 알아볼 수 있는 형태여야 합니다.

ⓛ 공식은 수식 형태로 적는다

독서 지문을 읽다 보면 공식을 말로 풀어놓는 경우가 종종 나옵니다. 공식을 담은 문장은 보통 '비례한다, 반비례한다, 무엇에서 무엇을 나누고 곱한다, 무엇을 더하고 빼다' 같은 표현으로 나타납니다. 이런 문장을 만나면 반드시 수식 형태로 공식을 적어야 합니다. 예를 들어 '무게에는 비례하고 거리에는 반비례한다'는 문장을 만나면 공식을 $\dfrac{무게}{거리}$ 형태로 써 놓습니다. 공식은 반드시 문제에 나오는데 보통 '크다-작다, 많다-적다, 증가-감소'처럼 판단하기 헷갈리는 선택지로 나옵니다. 그런 선택지의 OX를 판단할 때 공식을 보면 아주 빠르고 정확하게 결정을 내릴 수 있습니다. 특히 어려운 경제와 과학 기술 지문에서 공식이 나올 때가 많으므로 공식으로 적을 수 있는 지문이 나오면 반드시 공식을 적는 습관을 들이기 바랍니다.

ⓒ 인과 관계는 단순화해서 적는다

독서 지문에서 어떤 현상이나 원리를 설명할 때 인과 관계가 길게 적힌 지문이 나오면 무척 헷갈립니다. 예를 들어 "기준 금리를 인상하면 유동성이 감소하고, 유동성이 감소하면 물가가 내리는데 기준 금리를 내리면 이와 반대 현상이 나타난다."라는 형태의 지문은 반드시 문제로 나옵니다. 문제를 풀 때 문장만 보고 선택지의 OX를 판단하려고 하면 헷갈립니다. 이런 지문은 '기준 금리↑ → 유동성↓ → 물가↓ / 기준 금리↓ → 유동성↑ → 물가↑'처럼 눈에 보이는 형태로 메모해 놓으면 이해하기 편합니다. 이처럼 지문에 인과 관계를 설명하는 문장이 보이면 단순한 형태로 시각화하세요.

ⓓ 문학 지문은 '주제 설명'부터 읽는다

문학은 비유와 상징 따위를 써서 간접적인 방식으로 주제를 드러낼 때가 많습니다. 그러다 보니 어려운 글은 글에 감추어진 본뜻을 이해하기 쉽지 않습니다. 그런데 친절하게도 수능 국어시험에서는 그런 지문이 나오면 문제 중에서 주제나 작가의 작품 성향을 설명해 주는 〈보기〉가 덧붙여지는 경우가 많습니다. 그런 〈보기〉를 먼저 읽고 본문을 읽으면 독해가 훨씬 쉽습니다. 결말을 알고 영화를 보는 것과 마찬가지죠. 그러니 평소에 문학 지문을 읽을 때는 〈보기〉를 먼저 읽고 본문을 읽는 연습을 하기 바랍니다.

⊟ 서술 특징을 묻는 첫 번째 문제를 먼저 읽는다

문학 문제의 경우 지문을 제시한 뒤 첫 번째 문제는 서술 특징이나 표현상 특징을 묻는 유형이 많습니다. 지문을 읽고 문제를 풀려고 하면 지문을 또 한 번 읽어야 합니다. 이런 문제가 나오면 일단 첫 번째 문제부터 읽고 난 뒤 지문을 읽어야 합니다. 문제를 읽고 문제에서 거론한 내용을 염두에 둔 채로 지문을 보면 중복해서 지문을 읽지 않아도 되고, 문제를 푸는 데도 훨씬 도움이 됩니다.

지금까지 세 가지 원리를 알아보았습니다. 이 원리를 잘 기억하고 공부하면 수능 국어시험에서 원하는 결과를 얻을 수 있을 것입니다. 국어는 노력한 만큼 성적이 오르지 않는 과목이라는 생각이 널리 퍼져 있습니다. 그러나 이는 잘못된 생각입니다. 노력한 대로 결과가 나오지 않는다면 노력의 양이 문제가 아니라 '방법'이 문제입니다. 국어 공부를 열심히 했는데도 성적이 오르지 않는다면 더 노력할 것이 아니라 공부하는 방법을 바꾸기 바랍니다. 아무리 노력해도 목표한 곳에 도달하지 않으면 속도를 올릴 것이 아니라 방향이 잘못되었는지 살펴야 합니다. 방향이 잘못되면 속도는 무의미합니다.